U0658176

陕西省研究生教育质量报告

李 圣 编著

西北工业大学出版社

西 安

图书在版编目（CIP）数据

陕西省研究生教育质量报告/李圣编著. -- 西安：西北工业大学出版社，2024.8. -- ISBN 978-7-5612-9497-0

Ⅰ.G643

中国国家版本馆CIP数据核字第20240H1L50号

SHANXISHENG YANJIUSHENG JIAOYU ZHILIANG BAOGAO

陕西省研究生教育质量报告

李圣　编著

责任编辑：隋秀娟　马　丹		策划编辑：杨　军
责任校对：曹　江		装帧设计：高永斌　李　飞

出版发行：西北工业大学出版社

通信地址：西安市友谊西路 127 号　　　　　邮编：710072

电　　话：(029) 88491757，88493844

网　　址：www.nwpup.com

印 刷 者：西安五星印刷有限公司

开　　本：720 mm×1 020 mm　　　　　1/16

印　　张：7.625

字　　数：115 千字

版　　次：2024 年 8 月第 1 版　　　　2024 年 8 月第 1 次印刷

书　　号：ISBN 978-7-5612-9497-0

定　　价：49.00 元

如有印装问题请与出版社联系调换

前 言

随着知识经济时代的到来和高等教育的快速发展，研究生教育作为培养高层次创新人才的重要途径，其教育质量直接关系到国家的未来和区域经济的发展。陕西省作为中国西部的教育重要省份，拥有众多知名高等院校和研究机构，研究生教育的发展水平和质量对于推动地方经济和社会发展具有重要意义。

陕西省研究生教育经过多年的发展，已经形成了较为完善的教育体系和学科布局。然而，面对国内外高等教育竞争日益激烈的形势，如何进一步提升研究生教育质量，培养更多具有创新精神和实践能力的高层次人才，已成为亟待解决的问题。

为全面总结近年来陕西省研究生教育质量状况，特进行《陕西省研究生教育质量报告》（以下简称《报告》）的撰写。《报告》力求彰显时代和地区特点，共分为七章。第一章回顾了我国研究生教育的发展历程、发展成效，论述了我国研究生教育的历史使命。第二章梳理了陕西省研究生教育发展的基本情况，包括学位与研究生教育概况、创新拔尖人才培养模式、导师队伍师资建设情况、研究生教育质量保障。第三章探讨了研究生教育的重要性，从多个维度论述研究生教育的关键作用，强调研究生教育在培养人才、科技创新等方面的战略地位。第四章剖析了陕西省研究生教育发展的现存问题，识别影响教育质量的关键因素，聚焦招生问题、思政建设、学科建设、产教融合、课程建设、师资队伍建设等方面，针对陕西省研究生教育发展面临的困境进行深度挖掘，为探寻新时代陕西省研究生教育发展模式及路径提供启示。第五章阐述了陕西省研究生教育发展的机遇与挑战，分别从战略实施、经济基础、学生数量等方面出发，论述了机遇与挑战。第六章则梳理了陕西省研究生教育发展的思路与举措。第七章为针对陕西省研究生教育的结论与展望。

《报告》紧扣教育高质量发展和新时代研究生教育改革发展的政策要求，以研究生教育质量为主线，结合陕西省若干高校研究生教育质量数据，对研究生教育存在问题进行全面分析，总结研究生教育质量的新经验、新举措、新蓝图，引导高校进一步落实立德树人根本任务，巩固人才培养中心地位，为研究生教育改革提供决策参考。

在写作本书的过程中，笔者参阅了相关文献、资料，在此向其作者表示由衷的感谢。

由于笔者水平有限，书中难免存在不足之处，敬请广大读者批评指正。

编　者

2024年1月

目　录

CONTENTS

第一章

研究生教育发展的历史沿革

教育承载着一个国家和民族的未来，影响着国家的兴盛与民族的复兴。研究生教育位于国民教育的顶端，是高层次、高素质人才培养和科技创新的主阵地，是知识生产和创造的重要源头，是服务国家战略的重要主力。回顾我国研究生教育的发展历程，总结我国研究生教育的发展成效，把握我国研究生教育的发展路径，对于全面把握研究生教育发展规律，展望研究生教育未来的发展方向，促进研究生教育可持续发展具有重要意义。陕西省作为西部地区的教育大省之一，肩负着西部地区教育的发展重任，承载着将陕西省建设成为研究生教育强省的重要使命。

一、我国研究生教育的发展历程

与西方一些发达国家相比，我国的研究生教育发展时间较短，但从发展脉络而言，我国的研究生教育经历了探索、成长、转型、拓展、优化等多个阶段，形成了一条由无到有、由有到优的研究生教育探索之路。

1.探索阶段（1949—1977年）

新中国成立之初，我国确立了建设社会主义国家的目标，并以马克思列宁主义为指导思想，开启了社会主义教育的探索。高等教育培养出的人才无法满足当时国家的需要，研究生教育既缺乏完善的制度规范，也缺少明确的思想政策指导，为了解决这些问题，1951年，政务院通过了《政务院关于改革学制的决定》，提出在大学设立研究部，招收毕业生或同等学力者，培养高校师资和科研人才。1961年，《教育部直属高等学校暂行工作条例（草案）》进一步明确了研究生培养的目标、对象、录取方式、学习年限和方法，这标志着研究生教育开始制度化。此时，作为全国高等教育的重要组成部分，陕西省高等教育事业开始逐步发展。

2.成长阶段（1978—1988年）

1978年，随着改革开放的实施，我国高等教育进入了一个新时期。十一届三中全会后，邓小平同志为中国高等教育带来了新的活力，研究生招生制度得以恢复，这对我国高等教育的发展起到了巨大的推动作用。1978年，国家发布了第一批恢复办学的高校名单，包含西安工业学院、西安地质学院、陕西财经学院、汉中师范学院、宝鸡师范学院等五所陕西院校。1978—1988年，我国研究生教育在形成、完善和保持中国特色方面取得了显著成就。另外，随着学位条例的出台，学科目录和研究生培养模式得到重建，这为研究生教育的发展提供了坚实的制度基础。

3.转型阶段（1989—1998年）

1989—1991年，国际形势动荡，中国处于经济体制改革的重要关头。邓小平南方谈话和中国共产党第十四次全国代表大会明确了建立社会主义市场经济体制的方向，这对研究生教育提出了新的挑战。为适应市场经济需求，对研究生教育进行了调整：1992年，国务院学位委员会改革学位条例，区分学术学位和专业学位；1995年，我国启动"211工程"，全国共116所"211工程"高校，陕西省有7所。1998年，《中华人民共和国高等教育法》正式颁布，这是我国高等教育的第一部专门法律，明确了新时期高等教育的任务。

4.拓展阶段（1999—2009年）

1999年，我国正式启动了"985工程"，全国"985工程"高校共39所，陕西省有3所。进入21世纪，全球知识经济和信息社会的发展促使我国进行战略转型。科教兴国、人才强国、创新驱动发展三大战略推动研究生教育发展。经过几十年高等教育的不断发展，我国研究生教育完成了基础建设，制度完备，体系健全，规模迅速扩大，同时培养了大量高层次人才。这一时期，研究生教育在培养规模、制度建设、理论创新方面实现了跨越式发展。陕西省高校数量急剧增加，专业数量及类型也大幅增长，2002年，全省高校重点学科获评65个，位居全国第四位。

5.优化阶段（2010年至今）

我国高等教育逐步从大众化向现代化过渡，高等教育从数量向质量、从外延到内涵已成为趋势。党的十八大以来，"培养什么人、怎样培养人、为谁培养人"成为教育的根本问题。2015年，我国高等教育开始着手一流大学及一流学科建设工作，"双一流"建设成为国家教育重大战略，也是我国稳步跨入世界研究生教育大国行列、增强国际竞争力的重要举措。党的十九大使中国特色社会主义进入新时代，2018年，陕西省普通高校共计82所，国家"双一流"建设高校8所。近十年来，陕西省高校认真贯彻落实习近平总书记对陕西追赶超越和高质量发展的指示要求，以振兴中西部高等教育为目标，以一流建设为引领，按照"办学有特色、发展有优势、工作有亮点"的思路，着力强化机制、突破难题、提升质量，走过了从弱到强、从有到优的发展历程，办学规模、资源投入、内涵发展等均实现了突破性提升。

二、我国研究生教育的发展成效

回顾研究生教育发展历程可知，我国研究生教育不断进步，逐步从教育大国向教育强国转变。在人才培养方面，已经从注重数量的增长转向注重质量的提升。同时，研究生教育在社会服务领域也开始发挥重要作用，特别是在推动科技产业创新方面。在创新教育模式方面，我国研究生教育展现出融合的姿态，探索出了一条既推动创新能力培养，又促进学科交叉融合的新路，实现了协同发展，为研究生教育作出了贡献。

1.注重人才培养：从"规模"到"质量"

我国研究生教育从单一地注重数量增长转到注重质量的提升。随着我国经济结构的升级，研究生教育规模持续扩大。为满足国家发展需求，研究生教育进行了布局和培养模式的调整，优化学科布局，加强新兴和交叉学科的应用型人才培养，而且特别关注国家急需人才的行业相关学科。同时，加快专业学位设置与推广，培养符合时代要求的复合型、创新型、应用型高层次人才。近十年来，新材料、新能源、大数据和"互联网+"等前沿领域的发展，推动了校企联合培养研究生模式的出现，增强了专业学位人才与产业发展的契合度。

2.满足社会需求：从"经济"到"科技"

我国研究生教育的发展始终以服务国家需求为导向，支持国家重大发展战略和经济社会发展，满足人民对高质量研究生教育的需求。自十一届三中全会以来，国家教育委员会和国务院学位委员会办公室强调加快经济发展方式转变，提升传统产业，发展新兴产业，推动产业结构升级。进入21世纪，知识经济的到来使得科技创新成为经济发展的重要支撑。党的十八大明确提出，"科技创新是提高社会生产力和综合国力的战略支撑，必须摆在国家发展全局的核心位置"。这也成了中国社会发展和建设的核心需求。这一转变为研究生教育在社会服务领域发挥作用提供了新内容和新方向。党的十八大以来，我国高校作为培养研究生的主体，承担了大量的国家基础研究和重大科研项目，建设了大量国家重点实验室和工程中心，汇聚了大量高层次人才，产出了许多高水平论文和社科重大成果，显示出了研究生教育在国家发展中的重要作用。

3.改革教育模式：从"传统"到"创新"

新的时代赋予了研究生教育新的含义，在传承研究生教育先进做法的同时，应不断创新教育模式，积极探索产教融合、科教融汇、医教协同、学科交叉、本硕博贯通的创新型研究生培养模式。研究生群体已成为我国科研创新活动的重要参与者和贡献者。作为创新型、研究型、高层次人才聚集的高地，研究生教育要持续增强对经济社会发展的快速反应能力，提高人才培养的前瞻性和适配度，为我国牢牢掌握科技创新和人才竞争的主动权作出贡献。

研究生教育目前处于一个变革的关键期，受到数字革命、大数据、云计算和人工智能等新兴技术的深刻影响。这些技术已成为全球竞争力的关键，同样也是推动我国研究生教育进步的重要力量。虽然我国研究生教育在制度创新、结构调整和规模增长等方面取得了一定进展，但面对新时代的挑战，我国研究生教育仍需不断探索和适应。研究生教育的深层含义、其与社会的互动、其发展和培养人才的内在规律，都是需要我们持续深入研究的课题。通过这些研究，我们可以更好地推动研究生教育与时代同步，从而培育出能够应对未来挑战的高层次人才。

三、我国研究生教育的时代使命

研究生教育在新时代扮演着关键角色，其发展质量直接关系到国家战略的实施和社会的全面进步。我国研究生教育正在经历快速的发展，其规模迅速增长，结构持续优化，教育质量稳步提升，为国家的经济发展和社会进步提供了强有力的支持。据2022年相关统计数据，我国在学研究生人数已达到365.36万，这标志着我国已经成为一个研究生教育大国。在当今时代，研究生教育作为高等教育的重要组成部分，肩负着培养高层次创新人才、推动科学技术进步、服务国家战略需求等多重使命。随着全球化、信息化的快速发展，研究生教育的重要性日益凸显，其时代使命也愈发明确。

1.国家发展战略中的核心地位

研究生教育是国家发展和社会进步的基石，与国家战略紧密相连，对提升国家竞争力至关重要。随着经济结构的优化升级和科技创新的加速，国家对高层次专业人才的需求日益增长。尽管我国研究生教育规模庞大，但提升教育质量，特别是在关键技术自主研发和科研成果应用转化方面，仍需努力。高质量的研究生教育对于增强国家综合国力具有重要作用。

2.社会转型期的人才需求

面对战略型人才短缺和关键领域人才不足的双重挑战，研究生教育的战略转型显得尤为迫切。我国已出台多项政策促进高层次人才的培养，如扩大研究生招生规模、提高教育资助力度等。社会对通过知识创新推动经济增长的期望不断上升，这要求高校培养模式必须与经济社会发展需求相适应。随着创新驱动发展战略和"一带一路"的深入实施，产业升级和企业转型迫切需要更多高层次人才。

3.建设世界科技强国的必由之路

研究生教育的战略转型是中国教育现代化进程中的关键一步，旨在解决当前教育问题，引领高等教育高质量发展。

当前，我国正处于全面深化改革的关键时期，经济进入"新常态"，研究生教育也应进入以"科教结合、支持创新"和"服务需求、提高质量"为特征的发展阶段。目前的形势为培养具有国际视野、适应全球竞争的高层次人才提供了历史性机遇。在研究生教育的发展中，应坚持"服务需求，提高质量"的目标，立足中华民族伟大复兴的战略高度，培养更多满足国家需求的高层次人才。

研究生教育的时代使命是多方面的，它不仅要培养具有创新精神和实践能力的高层次人才，还要推动科学技术的进步，服务国家战略需求，提升国家的国际竞争力。面对新时代的挑战和机遇，研究生教育应不断改革创新，提高教育质量，为国家的繁荣和社会的进步作出更大的贡献。

第二章

陕西省研究生教育发展的基本情况

2022年6月11日，陕西省教育厅发布了《2021年陕西省教育事业发展统计公报》。数据显示，2021年陕西省共有各类高等教育学校111所，比上年增加1所，增长0.91%。其中，普通高等学校97所，比上年增加1所；成人高等学校14所；普通本科院校57所，与上年持平；高职（专科）院校40所，比上年增加1所。全省共有培养研究生的机构50个，其中，普通高等学校28个，科研机构22个。全省各类高等教育在学总规模1 980 471人，比上年增加76 040人，增长3.99%。

2021年，陕西省研究生招生62 770人，比上年增加3 729人，增长6.32%。其中，招收博士生6 331人，比上年增加650人；招收硕士生56 439人，比上年增加3 079人。在学研究生185 421人，比上年增加19 510人，增长11.76%。其中，在学博士生26 951人，比上年增加2 065人；在学硕士生158 470人，比上年增加17 445人。毕业研究生40 759人，比上年增加3 371人。其中，毕业博士生3 225人，毕业硕士生37 534人。

普通本专科招生373 295人，比上年减少14 655人，下降3.78%；在校生1 283 340人，比上年增加73 292人，增长6.06%；毕业生291 873人，比上年增加225人，增长0.08%。①

成人本专科招生98 728人，比上年减少2 569人，下降2.54%；在校生223 466人，比上年增加5 267人，增长2.41%；毕业生86 572人，比上年增加12 665人，增长17.14%。

2021年，陕西省普通高等学校教职工111 948人，比上年增加1 818人，增长1.65%；专任教师76 277人，比上年增加2 841人，增长3.87%。成人高等学校教职工2 049人，比上年减少332人；专任教师1 187人，比上年减少119人。

一、学位与研究生教育概况

1.学位授予单位与授予点

2021年，陕西省有毕业生的高等院校共120所，2021年高等院校毕业生学历结构统计见表2-1，其中，双一流建设高校共8所（表2-1中标记为A的院校），陕西省高水平大学12所（表2-1中标记为B的院校），公办普通本科院校15所（表2-1中标记为C的院校），民办本科院校与独立院校20所（表2-1中标记为D的院校），公办高职（专科）院校29所（表2-1中标记为E的院校），民办高职院校9所（表2-1中标记为F的院校），成人高等院校5所（表2-1中标记为G的院校），其他（研究所或陕西省委党校）22所（表2-1中标记为H的院校）。2021年高等院校毕业生院校类型统计见表2-2，2021年高等院校毕业生院校分布统计见表2-3。

表2-1　2021年高等院校毕业生学历结构统计表

院校名称	人数	比例（%）	学历							
			博士	比例（%）	硕士	比例（%）	本科	比例（%）	专科	比例（%）
西安交通大学（A）	8 693	2.61	648	27.09	3 937	11.29	4 108	2.37	0	0
西北工业大学（A）	7 198	2.16	420	17.56	3 182	9.13	3 596	2.07	0	0
西北农林科技大学（A）	7 655	2.3	290	12.12	2 309	6.62	5 056	2.91	0	0
西安电子科技大学（A）	9 001	2.7	200	8.36	3 364	9.65	5 437	3.13	0	0
陕西师范大学（A）	7 688	2.31	162	6.77	3 147	9.03	4 379	2.52	0	0

① 任娜.共有各级各类学校15 296所在校生超过847万人[N].西安日报，2022-06-13（1）.

续表

院校名称	人数	比例（%）	学历							
			博士	比例（%）	硕士	比例（%）	本科	比例（%）	专科	比例（%）
长安大学（A）	8 654	2.6	145	6.06	2 428	6.97	6 081	3.5	0	0
西北大学（A）	6 080	1.82	178	7.44	2 249	6.45	3 158	1.82	495	0.4
空军军医大学（A）	95	0.03	38	1.59	57	0.16	0	0	0	0
西安理工大学（B）	6 179	1.85	69	2.88	1 832	5.26	4 277	2.46	1	0
西安建筑科技大学（B）	6 605	1.98	121	5.06	1 947	5.59	4 537	2.61	0	0
西安科技大学（B）	5 775	1.73	24	1	1 195	3.43	4 556	2.62	0	0
陕西科技大学（B）	5 283	1.59	48	2.01	891	2.56	4 344	2.5	0	0
西安外国语大学（B）	4 496	1.35	8	0.33	705	2.02	3 783	2.18	0	0
西北政法大学（B）	4 339	1.3	7	0.29	1 056	3.03	3 276	1.89	0	0
西安工业大学（B）	5 210	1.56	5	0.21	714	2.05	4 491	2.59	0	0
西安石油大学（B）	5 049	1.52	0	0	1 006	2.89	4 043	2.33	0	0
延安大学（B）	4 367	1.31	0	0	730	2.09	3 637	2.09	0	0
西安工程大学（B）	5 343	1.6	0	0	788	2.26	4 553	2.62	2	0
西安邮电大学（B）	4 867	1.46	0	0	741	2.13	4 126	2.38	0	0
西安美术学院（B）	1 703	0.51	14	0.59	261	0.75	1 428	0.82	0	0
宝鸡文理学院（C）	4 975	1.49	0	0	237	0.68	4 738	2.73	0	0
陕西理工大学（C）	5 465	1.64	0	0	246	0.71	5 219	3.01	0	0
渭南师范学院（C）	4 694	1.41	0	0	0	0	4 694	2.7	0	0
陕西学前师范学院（C）	3 748	1.12	0	0	0	0	2 804	1.62	944	0.77
咸阳师范学院（C）	5 049	1.52	0	0	0	0	4 155	2.39	894	0.73
西安财经大学（C）	4 202	1.26	0	0	386	1.11	3 816	2.2	0	0
西安航空学院（C）	3 369	1.01	0	0	0	0	2 290	1.32	1079	0.88
榆林学院（C）	3 504	1.05	0	0	0	0	3 503	2.02	1	0
安康学院（C）	3 526	1.06	0	0	0	0	3 526	2.03	0	0
西安医学院（C）	2 962	0.89	0	0	169	0.48	2 793	1.61	0	0
西安文理学院（C）	3 512	1.05	0	0	0	0	3 416	1.97	96	0.08
商洛学院（C）	3 275	0.98	0	0	0	0	3 275	1.89	0	0
陕西中医药大学（C）	3 159	0.95	0	0	489	1.4	2 670	1.54	0	0
西安体育学院（C）	2 345	0.7	0	0	320	0.92	2 025	1.17	0	0
西安音乐学院（C）	1 251	0.38	0	0	214	0.61	1 037	0.6	0	0
西京学院（D）	5 814	1.74	0	0	107	0.31	3 741	2.15	1 966	1.61
西安外事学院（D）	5 773	1.73	0	0	0	0	3 438	1.98	2 335	1.91
西安培华学院（D）	6 330	1.9	0	0	0	0	4 214	2.43	2 116	1.73
西安欧亚学院（D）	5 372	1.61	0	0	0	0	3 277	1.89	2 095	1.71
西安翻译学院（D）	5 761	1.73	0	0	0	0	3 373	1.94	2 388	1.95
西安思源学院（D）	4 865	1.46	0	0	0	0	2 249	1.3	2 616	2.14

续表

院校名称	人数	比例（%）	学历								
			博士	比例（%）	硕士	比例（%）	本科	比例（%）	专科	比例（%）
陕西国际商贸学院（D）	4 337	1.3	0	0	0	0	2 435	1.4	1 902	1.55
西安交通工程学院（D）	3 958	1.19	0	0	0	0	1 295	0.75	2 663	2.18
西安交通大学城市学院（D）	2 655	0.8	0	0	0	0	2 655	1.53	0	0
陕西服装工程学院（D）	3 836	1.15	0	0	0	0	1 312	0.76	2 524	2.06
西安科技大学高新学院（D）	2 696	0.81	0	0	0	0	1 915	1.1	781	0.64
西安建筑科技大学华清学院（D）	2 349	0.7	0	0	0	0	2 349	1.35	0	0
西安明德理工学院（D）	2 315	0.69	0	0	0	0	2 315	1.33	0	0
西安工商学院（D）	1 562	0.47	0	0	0	0	1 562	0.9	0	0
延安大学西安创新学院（D）	1 947	0.58	0	0	0	0	1 947	1.12	0	0
西北大学现代学院（D）	1 851	0.56	0	0	0	0	1 851	1.07	0	0
西安财经大学行知学院（D）	1 980	0.59	0	0	0	0	1 980	1.14	0	0
陕西科技大学镐京学院（D）	1 756	0.53	0	0	0	0	1 756	1.01	0	0
西安理工大学高科学院（D）	727	0.22	0	0	0	0	727	0.42	0	0
长安大学兴华学院（D）	389	0.12	0	0	0	0	389	0.22	0	0
陕西工业职业技术学院（E）	6 895	2.07	0	0	0	0	0	0	6 895	5.63
杨凌职业技术学院（E）	6 023	1.81	0	0	0	0	0	0	6 023	4.92
咸阳职业技术学院（E）	5 824	1.75	0	0	0	0	0	0	5 824	4.76
宝鸡职业技术学院（E）	4 433	1.33	0	0	0	0	0	0	4 433	3.62
陕西铁路工程职业技术学院（E）	4 720	1.42	0	0	0	0	0	0	4 720	3.86
陕西国防工业职业技术学院（E）	4 599	1.38	0	0	0	0	0	0	4 599	3.76
陕西职业技术学院（E）	4 004	1.2	0	0	0	0	0	0	4 004	3.27
西安铁路职业技术学院（E）	3 973	1.19	0	0	0	0	0	0	3 973	3.25
西安航空职业技术学院（E）	4 380	1.31	0	0	0	0	0	0	4 380	3.58
陕西能源职业技术学院（E）	3 369	1.01	0	0	0	0	0	0	3 369	2.75

续表

院校名称	人数	比例（%）	学历							
			博士	比例（%）	硕士	比例（%）	本科	比例（%）	专科	比例（%）
陕西交通职业技术学院（E）	3 937	1.18	0	0	0	0	0	0	3 937	3.22
渭南职业技术学院（E）	2 683	0.81	0	0	0	0	0	0	2 683	2.19
汉中职业技术学院（E）	2 735	0.82	0	0	0	0	0	0	2 735	2.24
陕西财经职业技术学院（E）	2 520	0.76	0	0	0	0	0	0	2 520	2.06
安康职业技术学院（E）	2 428	0.73	0	0	0	0	0	0	2 428	1.98
西安职业技术学院（E）	2 366	0.71	0	0	0	0	0	0	2 366	1.93
陕西工商职业学院（E）	2 121	0.64	0	0	0	0	0	0	2 121	1.73
陕西航空职业技术学院（E）	1 520	0.46	0	0	0	0	0	0	1 520	1.24
陕西青年职业学院（E）	1 630	0.49	0	0	0	0	0	0	1 630	1.33
榆林职业技术学院（E）	1 510	0.45	0	0	0	0	0	0	1 510	1.23
陕西警官职业学院（E）	1 286	0.39	0	0	0	0	0	0	1 286	1.05
商洛职业技术学院（E）	1 267	0.38	0	0	0	0	0	0	1 267	1.04
延安职业技术学院（E）	2 162	0.65	0	0	0	0	0	0	2 162	1.77
陕西邮电职业技术学院（E）	1 259	0.38	0	0	0	0	0	0	1 259	1.03
陕西艺术职业学院（E）	1 092	0.33	0	0	0	0	0	0	1 092	0.89
陕西机电职业技术学院（E）	967	0.29	0	0	0	0	0	0	967	0.79
西安电力高等专科学校（E）	731	0.22	0	0	0	0	0	0	731	0.6
铜川职业技术学院（E）	770	0.23	0	0	0	0	0	0	770	0.63
陕西经济管理职业技术学院（E）	300	0.09	0	0	0	0	0	0	300	0.25
西安医学高等专科学校（F）	4 462	1.34	0	0	0	0	0	0	4 462	3.65
西安海棠职业学院（F）	2 328	0.7	0	0	0	0	0	0	2 328	1.9
西安城市建设职业学院（F）	2 209	0.66	0	0	0	0	0	0	2 209	1.81
西安汽车职业大学（F）	1 637	0.49	0	0	0	0	0	0	1 637	1.34
西安高新科技职业学院（F）	2 010	0.6	0	0	0	0	0	0	2 010	1.64
西安信息职业大学（F）	1 344	0.4	0	0	0	0	0	0	1 344	1.1
陕西旅游烹饪职业学院（F）	291	0.09	0	0	0	0	0	0	291	0.24

院校名称	人数	比例（%）	学历								
			博士	比例（%）	硕士	比例（%）	本科	比例（%）	专科	比例（%）
陕西电子信息职业技术学院（F）	261	0.08	0	0	0	0	0	0	261	0.21
西安健康工程职业学院（F）	35	0.01	0	0	0	0	0	0	35	0.03
西安铁路工程职工大学（G）	322	0.1	0	0	0	0	0	0	322	0.26
西安电力制造公司机电学院（G）	334	0.1	0	0	0	0	0	0	334	0.27
陕西航天职工大学（G）	324	0.1	0	0	0	0	0	0	324	0.26
陕西省建筑工程总公司职工大学（G）	218	0.07	0	0	0	0	0	0	218	0.18
西飞工学院（G）	79	0.02	0	0	0	0	0	0	79	0.06
中共陕西省委党校（H）	27	0.01	0	0	27	0.08	0	0	0	0
航天动力技术研究院（H）	19	0.01	0	0	19	0.05	0	0	0	0
中国航天工业总公司西安微电子技术研究所（H）	10	0	1	0.04	9	0.03	0	0	0	0
西安近代化学研究所（H）	10	0	4	0.17	6	0.02	0	0	0	0
中国空间技术研究院504所（H）	18	0.01	0	0	18	0.05	0	0	0	0
西安精密机械研究所（H）	9	0	0	0	9	0.03	0	0	0	0
中国航天科技集团有限公司第六研究院第十一研究所（H）	9	0	6	0.25	3	0.01	0	0	0	0
中国航空工业总公司第603研究所（H）	7	0	0	0	7	0.02	0	0	0	0
西安热工研究院（H）	4	0	0	0	4	0.01	0	0	0	0
西安应用光学研究所（H）	5	0	4	0.17	1	0	0	0	0	0
中国兵器工业第206研究所（H）	9	0	0	0	9	0.03	0	0	0	0
中国航空研究院618所（H）	5	0	0	0	5	0.01	0	0	0	0
中国飞行试验研究院（H）	2	0	0	0	2	0.01	0	0	0	0
中国航空研究院623所（H）	6	0	0	0	6	0.02	0	0	0	0

续表

院校名称	人数	比例（%）	学历								
			博士	比例（%）	硕士	比例（%）	本科	比例（%）	专科	比例（%）
中国航天科技集团公司第十六研究所（H）	6	0	0	0	6	0.02	0	0	0	0
中国航空研究院631所（H）	8	0	0	0	8	0.02	0	0	0	0
电信科学技术第四研究所（H）	3	0	0	0	3	0.01	0	0	0	0
西安机电信息技术研究所（H）	4	0	0	0	4	0.01	0	0	0	0
陕西应用物理化学研究所（H）	2	0	0	0	2	0.01	0	0	0	0
中国兵器工业第203研究所（H）	2	0	0	0	2	0.01	0	0	0	0
中国兵器工业第202研究所（H）	2	0	0	0	2	0.01	0	0	0	0
神木职业技术学院（H）	114	0.03	0	0	0	0	0	0	114	0.09
合计	333 228	100	2 392	100	34 859	100	173 607	100	122 370	100

表2-2　2021年高等院校毕业生院校类型统计表

院校类型	人数	比例（%）	学历								
			博士	比例（%）	硕士	比例（%）	本科	比例（%）	专科	比例（%）
双一流建设高校	55 064	16.52	2 081	87	20 673	59.3	31 815	18.33	495	0.4
陕西省高水平大学	59 216	17.77	296	12.37	11 866	34.04	47 051	27.1	3	0

表2-3　2021年高等院校毕业生院校分布统计表

院校类型	人数	比例（%）	学历								
			博士	比例（%）	硕士	比例（%）	本科	比例（%）	专科	比例（%）
公办普通本科院校	55 036	16.52	0	0	2 061	5.91	49 961	28.78	3 014	2.46
民办本科院校与独立院校	66 387	19.92	0	0	107	0.31	44 780	25.79	21 500	17.57
公办高职高专院校	81 504	24.46	0	0	0	0	0	0	81 504	66.6
民办高职院校	14 577	4.37	0	0	0	0	0	0	14 577	11.91
成人高等院校	1 277	0.38	0	0	0	0	0	0	1 277	1.04
其他	167	0.05	15	0.63	152	0.44	0	0	0	0
合计	333 228	65.7	15	0.67	2 320	6.66	94 741	54.57	121 872	99.58

2.研究生规模与结构

（1）毕业人数。

2021年，全陕西省普通高等院校毕业生共有333 228名，其中，博士研究生2 392人，硕士研究生34 859人，共涉及282个博士研究生专业，562个硕士研究生专业。2021年高等院校毕业生学历结构统计见表2-4。

表2-4 2021年高校毕业生学历结构统计表

学历	合计	比例（%）
博士	2 392	0.72
硕士	34 859	10.46
本科	173 607	52.1
高职（专科）	122 370	36.72
合计	333 228	100

（2）性别结构。

2021年，全陕西省高等院校的毕业生中，共有男生162 152人，占毕业生总数的48.67%；女生171 076人，占51.33%。男女生比为1：1.06。2021年高等院校毕业生性别结构统计见表2-5。

表2-5 2021年高校毕业生性别结构统计表

学历	合计	性别		男女比
		男	女	
博士	2 392	1 419	973	1:0.69
硕士	34 859	16 481	18 378	1:1.12
本科	173 607	79 564	94 043	1:1.18
高职（专科）	122 370	64 688	57 682	1:0.89
合计	333 228	162 152	171 076	1:1.06

（3）博士毕业生。

2021年，全陕西省博士毕业生中，共有男生1 419人，占博士毕业生总数的59.32%；女生973人，占博士毕业生总数的40.68%。男女生比为1：0.69。2021年高等院校博士毕业生性别结构见图2-1。

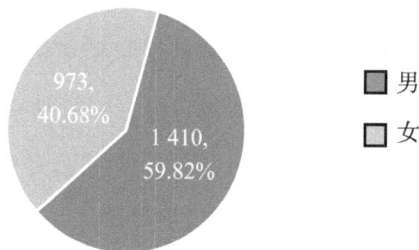

图2-1　2021年高等院校博士毕业生性别结构

（4）硕士毕业生。

2021年，全陕西省硕士毕业生中，男生共有16 481人，占硕士毕业生总数的47.28%；女生18 378人，占硕士毕业生总数的52.72%。男女生比为1∶1.12。2021年高等院校硕士毕业生性别结构见图2-2。

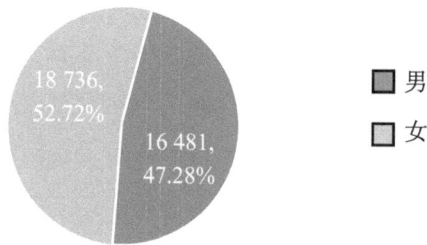

图2-2　2021年高等院校硕士毕业生性别结构

二、创新拔尖人才培养模式

1.思想政治建设

为深入贯彻习近平总书记关于研究生教育的重要指示和全国研究生教育大会精神，坚持面向世界科技前沿、面向经济主战场、面向国家重大需求、面向人民生命健康[①]，不断向科技广度和深度进军，坚定走内涵式发展道路。以"立德树人、服务需求、提高质量、追求卓越"为主线，系统推进一流英才培育战略，深化新时期研究生教育改革创新，坚持育人为本、需求

① 范一泓.习近平新时代创新人才观探析[J].湘潭大学学报（哲学社会科学版），2022，46（2）：127-131.

导向，坚持创新引领、改革驱动，坚持特色发展、质量为先，全面实施研究生教育综合改革，提升研究生教育服务、引领和支撑经济社会发展和科技创新的能力，着力构建高质量研究生培养体系，更好地支撑学校"双一流"建设。为贯彻落实国务院学位委员会、教育部印发的《学位授权点合格评估办法》（学位〔2020〕25号），《国务院学位委员会 教育部关于开展2020—2025年学位授权点周期性合格评估工作的通知》（学位〔2020〕26号），以及《陕西省学位委员会 陕西省教育厅关于开展2020—2025年学位授权点周期性合格评估工作的通知》（陕学位〔2021〕3号），发挥研究生教育发展质量年度报告对提升学校学位授权点建设水平的常态监控、提高研究生教育质量的作用。

2021年，陕西省研究生教育坚持以习近平新时代中国特色社会主义思想为指导，课程建设将思想政治教育摆在研究生培养的首位，加快形成以"思政课程+课程思政+导学思政"为核心的研究生思政育人新格局。主要从以下几方面进行：强化思想政治学科建设，以习近平新时代中国特色社会主义思想为核心，把习近平新时代中国特色社会主义思想纳入教材、课堂、头脑[1]；把思想政治教育与学科教学有机结合起来，从整体上推进研究生的课程思政制度；加强导学思政建设，发挥导师在导学互动中的价值引领、事业选择、生活指导作用，强化"优秀导学团队"的示范引领；加强研究生辅导员队伍建设，探索以辅导员为主体，以研究小组为单位，配置兼职辅导员；加强大学生心理健康教育和职业规划教育，促进大学生就业、创业；加强就业布局与招生的联动，将职业发展规划和就业指导贯穿到研究生培养全过程，加快实施分学科就业指导规划；加强学生的思想政治理论课教学；推进课堂教学改革，把"课程思政"作为教学改革的重点，紧紧抓住"主战场"，把课堂教学作为"主渠道"；另外，还修订了人才培养方案。

近年来，陕西省非常重视研究生的思想政治教育，从研究生入学开始，

---

[1] 陈媛.习近平新时代中国特色社会主义思想融入高校思想政治教育的路径探究[J].湖南人文科技学院学报，2018，35（4）：1-5.

始终将思想政治教育与学生的成长密切联系起来。2021年，各校研工部着力于以不同的方式让学生们在百年党史学习中把握历史脉络，培养其爱国精神和报国志向。另外，陕西省也十分重视思政队伍建设，包括辅导员队伍建设、专任教师队伍建设。西安科技大学高度重视辅导员队伍专业化、职业化建设，修订了辅导员职级晋升和职务评审工作办法。延安大学聚焦思想政治教育队伍建设，持续强化组织动员力量，认真贯彻落实上级关于基层思想政治教育队伍建设的有关会议文件精神，及时督促各学院制定思想政治教育队伍建设工作计划、制度和措施，并组织实施。

2.深化科教产教融合，协同育人

（1）强化实践教学，推进创新创业教育。

陕西科技大学将创新创业教育融入专业教育，把"第一课堂"和"第二课堂"有机地结合起来，建立起以创新创业教育为主的课程体系；同时贯彻落实学校教育与行业实践、社会参与相结合的创新创业教育思想，构建产、学、研、用一体化合作教育新平台。西安科技大学积极推动政产学研用合作，规范横向科研项目和经费管理，对《西安科技大学科研外协与采购管理办法》进行了修订。西安科技大学还组织召开"CO_2煤矿采空区吸储与植被固碳关键技术研究""陕北矿业智慧矿区建设""矿井群矸石安全高效集中充填关键技术"等重大项目方案论证会，组织校内各学科专家深入国能神华集团、陕西煤业化工集团等企业开展科技项目对接，推进重大科研项目实施，完成科技成果转化（专利等）129项。

（2）深化研究生教育教学改革，完善研究生评价和激励保障体系。

陕西理工大学制定出台了13份研究生教育教学管理制度，以规范研究生教育教学和日常管理，修订完善了研究生培养方案，毕业论文评阅实施全查重和全盲审制度，同时强化研究生培养全过程的监督检查和分流淘汰。除此之外，还组织完成了2021年度29项研究生创新基金项目评审工作和24项研究生创新基金项目立项和结题工作，组织完成了9项陕西省研究生创新成果展推荐项目评审工作，完成了2021届教育类研究生免试认定中小学教师资格的能力考核、信息上报、证书制发等工作，完成了2021届246名毕业生就业、离校工作和2021级490名新生档案核查、存档、学籍注册等工作，组织开展了2020级硕士研究生中期考核、开题报告以及2022届专业学位研究生教育实习、专业实习工作。

西安电子科技大学推进产教融合协同育人机制改革，对全校共125个研究生联合培养基地建设情况进行了统计分析，择优进行培育支持；完成了《关于制定国家级产教融合联合培养基地研究生培养方案的指导意见》，对工程领域国家级产教融合联合培养基地研究生培养模式、培养环节、质量评价及学位授予作出了明确规定；西安电子科技大学国家集成电路产教融合创新平台获批成立，统筹推动"人才培养—学科建设—科研创新"一体化产教融合创新平台建设；完成了"全国工程类专业学位研究生昆山产教融合联合培养开放基地"2021级研究生招生工作，共录取50人。

西安工程大学加强校地企合作产学研协同创新，深化产教融合培养模式，积极推进产教融合，不断完善"5+X"政产学研用创新人才培养模式，着力加强校外研究生联合培养基地建设。2021年，组织各培养单位新建研究生联合培养基地19个，为研究生提供了良好的创新实践平台，不断增强研究生的实践创新能力。为进一步发挥绍兴市的产业、经济、区位、政策等优势和人才培养优势，深化产教融合，西安工程大学在与绍兴市柯桥区人民政府前期合作成立（柯桥）研究生创新学院的基础上，进一步深化合作，推动建设西安工程大学长三角研究生研学中心暨纺织创新研究院，随同派驻导师科研团队，构建高水平研究平台，在实现更高层次人才培养的同时，促进当地经济社会发展和纺织产业升级。

（3）教学质量监控。

陕西理工大学建立了线上线下教学检查和督查机制，采取学院自查、研究生院抽查相结合的方式进行，主要通过网上巡查、听课、日检查、周总结等形式，对教学过程中的教学活动进行了全面的检查，包括网上、线下教学资源的检索与利用，教学进度的执行，教学组织，学生参与，辅导答疑，等等；形成了校、院两级管理、监督的在线教学质量监控体系，全方位保障了教学秩序和教学质量；成立了研究生教学信息员队伍，建立了研究生教学管理质量监控与评价的长效机制。

3.实施研究生教育质量提升和创新计划

（1）人才培养。

1）制定修订培养方案。

2021年，陕西理工大学以国家研究生课程改革试点为契机，以硕士学位点评估为动力，根据经济社会发展需要，及时修订培养方案，调整课程体系，制定了个性化、多元化的研究生培养方案。2021年，陕西理工大学在以往各版本《陕西理工大学研究生培养方案》的基础上，进一步组织修订、优化了硕士研究生培养方案，明晰了学术学位与专业学位的人才培养方向和定位，构建了更加科学、合理的课程体系。

延安大学科学设计、精心撰写、多方论证，修订了2021版硕士研究生培养方案。该版培养方案从课程学习、实践活动、学位授予等方面体现了对研究生的培养要求以及对研究生培养的评价，最终落实深入贯彻新时代研究生教育、教学、评价等的改革要求，为培养适应新时代发展需要的高层次人才做好前期准备。

延安大学硕士研究生培养方案的特色主要体现在以下几个方面：一是将学术规范[①]和职业伦理教育课程纳入研究生培养方案；二是增设"党中央在延安十三年与延安精神"课程，把延安精神"一体两翼"商人理念融入研究生教育的全过程；三是增设"批判性思维阅读与写作""科学精神与科学研究方法"等课程；四是培养方案中对体美劳教育提出了明确要求。

陕西科技大学根据《教育部关于加强学位与研究生培养质量保证和监督体系建设的意见》等一系列文件精神，经过多年摸索和实践，构建了科学的研究生质量保障制度。科学管理，严格监督，导师引领，合作交流，从生

---

① 周正.思想政治工作在研究生教育教学全过程协同实现的路径探析[J].时代教育，2018（7）：116-118.

源素质到毕业论文质量，从课程教学到科学研究，从学术道德建构到学术能力培养，充分发挥师生个体和学科整体的力量，调动一切学界和教育界的资源，切实提高人才培养质量，形成"三双"育人模式，规范培养过程。"三双"育人模式具体包括三个方面：一是"双师"育人，即要求研究生导师既要做好学生的学术导师，也要做好学生的人生导师，既是训导人，也是领路人，强化研究生导师的责任，充分调动导师的积极性，有效提高研究生培养质量；二是"双创"育人，即积极组织研究进行创新课题申报和创新大赛评选，鼓励学术研究，强化实践环节，全面提升研究生的创新意识和创新能力；三是"双联"育人，即通过大力开拓与学界、教育界及地方文化的联系，开展多种形式的学术交流活动与技能竞赛活动，拓宽研究生培养的渠道。"三双"育人，既注意明确底线，建立内部质量保证体系，进行全方位、全过程监管，培养研究生具备基本的学术道德和学术规范，也注意拓展视野，加强与学界的联系，开拓研究生的视野，不断提高人才培养质量。

西安财经大学结合学术型研究生和专业型研究生培养实践的变化，组织各学科对研究生培养方案内容进行修改完善，将27个学术型硕士研究生培养方案和6个专业型硕士研究生培养方案进行了重新编写和完善，进一步加大了对学术型硕士研究生和专业型硕士研究生的培养力度。根据专业特点和学科优势，西安财经大学在2021年继续开展了特色系列讲座，通过聘请知名专家学者以及邀请实践导师进行授课等形式丰富了研究生日常科研信息获取的渠道。

西安外国语大学为创新研究生培养方式，凸显学科特色优势，推动学科交叉融合，快速且高质量地提高研究生教育质量，2021年制定出台了新版《硕士研究生培养方案修订指南》，坚持以服务社会需求、适应社会发展为出发点，着重突出以提升学生批判创造思维能力、科研创新能力、实践应用能力、数智素养和国际视野为培养目标导向。该方案将思想政治教育纳入课程教学目标，推进习近平新时代中国特色社会主义思想进教材、进课堂、进头脑；强化分类分层培养，研究生公共英语课程实行"分类施教、分级设课、分层教学"的原则，满足不同领域、不同学科、不同层次研究生的学习需求；同时，对于美育、劳动教育类课程提出明确要求，以响应国家政策，促进研究生德智体美劳全面发展。

2）课程改革。

西安财经大学结合《教育部关于改进和加强研究生课程建设的意见》，配合国务院学位委员会学科评议组对研究生课程设置的调研工作，对本校研究生课程进行了相应改革，组织11个学科对研究生的教材建设、教学内容、教学方法、教学评价等情况进行自查和总结。

2021年，西安电子科技大学积极加强了课程体系建设，规范了课程的教学实施过程，新修订了《西安电子科技大学研究生课程教学管理规定》，对课程的教学实施过程予以规范。研究生教育教学改革经费重点支持研究生核心课程、专业学位案例课程、校企联合课程、在线课程、课程思政示范课建设，共立项 90 余项，稳步推进教学改革，提升教学质量。西安电子科技大学2021年共计立项 108 项各类教育教学改革项目，较2020年增长6%，申报数量增长20%。其中，各类课程项目 59 项，基本与2020年持平；教材立项 35 项，较2020年增长了近2倍。西安电子科技大学作为牵头单位获批了2021年中国研究生院院长联席会重大课题"基础学科和关键领域核心技术高层次人才本硕博贯通式培养研究"。另外，研究生教学任务圆满完成。2021年度共开设1 311门研究生课程，较2020年增多了208门课程；共开设1 717教学班，较2020年增开242个教学班；总计59 788学时，较2020年增加12 991 个学时；总选课人次78 328，较2020年增长1 509人次。

陕西科技大学严格按照《陕西科技大学研究生课程教学管理实施办法》开展教学工作，明确授课教师资质、课程教学环节、调停课程序、研究生选课等要求。在授课质量监测与评价方面，陕西科技大学开展《陕西科技大学研究生教育督导工作实施办法》及研究生评教工作，依托教学督导听课反馈及研究生评教结果分析，将发现的问题及时反馈至相关学院予以整改，以提高课堂教学质量。根据研究生培养计划要求，顺利完成各类研究生课程的教学工作安排、考试及成绩录入审核等工作。为贯彻落实中共中央、国务院《深化新时代教育评价改革总体方案》〔中发（2020）19号〕等文件精神，根据学校实际发展需求出发，出台《陕西科技大学"双一流"建设研究生科研创新贡献激励办法（试行）》；为进一步规范研究生教材选用管理，制定《陕西科技大学研究生教材选用管理办法（试行）》《陕西科技大学研究生自编教材及讲义管理办法（试行）》等文件。深入贯彻落实全省研究生教育会议精神，紧密结合学校"三步走"战略和目标，以研究生教育教学改革研究项目为抓手，鼓励理论创新、制度创新和实践创新，不断深化研究生教育综合改革。通过校内研究生教育教学改革建设培育，陕西科技大学于2017年获陕西省学位与研究生教育学会"研究生教育成果奖"一等奖1项、二等奖1项，较上一年同期增长100%，首次获批学位与研究生教育学会面上课题2项，立项数量在陕西省属高校中位列第三。

西安工程大学坚持"德育为先、能力为重、全面发展"的教育理念，按照"立德树人、服务需求、提高质量、追求卓越"的总体要求，遵循不同类型研究生教育规律，彰显个性化培养，加强人文素养和科学素质教育，突出实践能力和创业能力培养，致力于培养德智体美劳全面发展的高层次创新型和应用型人才，构建了由公共课程、专业课程、专业选修课程、必修课程或专业实践组成的课程体系。学术学位研究生课程设置以创新能力培养为目标，突出科教融合，增加研究方法类、研讨类、跨学科类等课程，增加开设短而精的课程和模块化课程。专业学位研究生课程体系体现了先进性、模块化、复合性、创新性等特点，满足了社会多样化的需要，突出了对学生的个性化培养，突出了专业基础和职业发展潜能，突出了在线教学、案例教学和实践教学的协同优势，充分反映了本专业学位类别对专门人才的知识与素质要求，同时也注重对学生分析能力和创造性解决实际问题能力的培养。

长安大学设立了研究生课程思政建设专项，按照《长安大学全面推进课程思政建设实施方案（2020—2022年）》分层次、分步骤推进"三位一体"的教学模式，以"国家大学生思想政治工作创新发展中心""陕西省马克思主义重点大学""陕西省中国特色社会主义理论体系"为依托，建立了一套多层次的"思政"学科体系。2021年，长安大学研究生教育教学改革专项立项课程思政示范课程25门，获批省级研究生课程思政示范课程3门，建设研究生在线课程15门（包括4门全英文在线课程），在全国在线学习平台新增上线课程18门，出版相关教材5部。

（2）科学研究。

陕西省各所高等院校积极开展科学研究，加强基础研究，强化应用研究和技术创新，不断推进科技成果转移转化，出台科研成果奖励办法；重视高层次项目申报和高水平奖项培育，加强基础学科理论研究和校内外学术交流，不断提高研究能力和学术水平。改革管理体制，强化科研团队建设。具体而言，各所高等院校改革并完善有利于建设高水平创新团队的体制，整合各学校校内外资源和优势学科，大力培育青年学术人才，强化协同创新能力，形成特色鲜明的研究方向和较强创新能力的科研团队，持续提高科研团队建设水平和科研能力。

2021年，陕西理工大学出台了《陕西理工大学硕士研究生学术活动管理办法》《研究生创新基金管理办法》等文件，设立研究生校级创新基金项目，每年组织研究生申报创新基金项目，并予以经费资助，有力激发了研究生开展学术研究的积极性；鼓励研究生参与导师主持的国家级、省部级等项目；持续开展教育硕士研究生论文写作、基础教学方法等理论课程，并鼓励学生进行实践探究，严格把关学生的学术文章质量；要求教育硕士研究生围绕基础教育领域进行论文选题，发现基础教育改革与实践中的问题，通过分析、研究、论证，进而提出解决对策和教育建议。陕西理工大学通过开展研究生论文写作训练，规范研究生学术道德行为，引导研究生恪守学术规范，尤其是引用规范；通过系统的训练与指导，提升了教育硕士研究生探讨基础教育领域课题的能力。2021年，陕西理工大学继续组织硕士研究生导师和研究生在线参加清华大学等高等院校的专家、学者主讲的《科研之路ABC》《写作指导和规范引用入门》《教育文献的检索分析综述——兼谈研究与论文写作》《从科学范式的角度看科研选题的原创性》等系列学术规范、学术训练培训课程。陕西理工大学"面向秦巴地区机械工程领域的多学科交叉研究生培养机制探索及实践"获得了陕西省学位与研究生教育学会研究生教育成果二等奖，新增了"汉江水源保护与陕南绿色高质量发展创新团队""陕西理工大学水产品深加工与副产品高值化利用创新团队"等2个省级创新团队，成立了陕西理工大学三类17个科技创新团队。加快成果转化，服务区域发展需求。陕西理工大学面向区域主导产业，促进人才、技术、产业等要素的有效配置，构建产学研合作机制，畅通科技成果转移转化渠道，增强解决经济社会重大问题的能力，为区域经济社会发展提供智力支持和技术支持。另外，区域服务能力持续增强，在秦巴山区自然资源研究与开发利用、工业应用技术开发研究、汉水文化研究等学科领域取得了一批重大标志性成果并获得了部分奖励，成立了"成果转移转化及社会服务中心"。2021年，陕西理工大学新增服务地方项目250余项，经费合计3 626万元，发表高层次论文455篇，授权专利305项，实现了服务地方百万级以上项目的历史性突破，助力脱贫攻坚取得了显著成效。

西安电子科技大学加大科研对研究生教育的支撑度，鼓励研究生围绕学科前沿基础问题、国家重大战略需求、国家重大科研项目、行业技术升级和区域经济社会发展重大问题选题，开展前沿性、探索性研究，做到真做科研，做真科研，产出独创性成果，攻克工程技术难关，解决"卡脖子"问题。研究生招生指标向大平台、大团队、大项目倾斜，向基础研究倾斜。探索实施科研项目博士研究生专项计划，由导师科研经费负担学生部分培养成本，逐步建立科研经费支撑博士培养的新机制。西安电子科技大学建立了"全国优秀工程硕士研究生联合培养基地"、省级"陕西省研究生联合培养示范工作站"10个，牵头筹建首个国家级"工程类专业学位研究生产教融合联合培养开放基地"，新增院级联合培养基地2个。

除此之外，西安电子科技大学出台了《研究生实习实践管理实施细则》，进一步规范了学生赴基地联合培养的申请考核流程与标准。学校在研究生学科竞赛中再创佳绩，具体如下：在第十六届中国研究生电子设计竞赛中，斩获国家一等奖3项、二等奖5项、三等奖5项，获大赛优秀组织奖；在第七届中国研究生未来飞行器创新大赛上，在"火箭飞行挑战赛"挑战赛道中荣获二等奖及最佳实物奖，在"航空飞行器设计"常规赛道中荣获三等奖，获大赛优秀组织奖；在"华为杯"第十八届中国研究生数学建模竞赛中获得25项国家级奖项，其中国家一等奖1项、国家二等奖10项、国家三等奖14项，相较于2020年，国家级获奖数增长了32%。

西安工程大学具有悠久的历史、雄厚的办学基础和鲜明的办学特色。该高等院校现有金花校区和临潼校区两个校区，共占地88.3万平方米，现有教学楼15个。经过100多年的发展，该高等院校现已发展成为一所特色鲜明且多学科协调发展的综合性大学。目前，该校是教育部重点建设的优秀工程师教育计划高校、陕西省重点大学建设高校、2011陕西省科技创新中心建设高校、陕西省博士后创新中心建设高校。

西安工程大学还举办"学术微沙龙"活动，深入挖掘、总结国家奖学金获得者的学习经验，并以此为榜样进行广泛宣传，优化创先争优的学术氛围；着力打造"学术微沙龙""博士专访"等品牌活动，努力在广大研究生中产生"科研有指引、学术有方法、科创有思路"的积极影响；通过与图书馆合作，邀请经验丰富的讲师针对科研、科创等方面开展系列学术讲座，引导广大研究生认真科研、专注学术、广泛参与科技竞赛。

西安工程大学在硕士研究生培养方案中明确规定，要加强研究生的学术训练。要求学术型研究生在学期间参加科研项目、学术会议、学术讲座等科研与学术活动，累计3学分；要求专业型研究生在学期间要参加科研项目、学术交流以及不少于1年的专业实践训练，累计8学分。研究生申请硕士学位需满足《西安工程大学硕士学位授予工作实施细则》中规定的科研要求：具备相关领域的扎实基础和系统的专业知识；学术型硕士必须具备科研工作的能力，专业型硕士必须具备解决实际问题和承担技术任务的能力；同时要求研究生在学期间公开发表学术论文，在申请专利、学科竞赛获奖方面取得一定的科研成果。西安工程大学注重加强研究生创新能力的训练，持续开展研究生创新基金项目培育、研究生创新成果奖励计划及创新活动支持计划等研究生创新人才培养"三大资助计划"，进一步促进研究生产出高水平成果。

西安科技大学抓住国家高质量发展机遇，发挥学科优势和特色，创新激励机制，高水平科研项目申报及成果产出成效显著。学校要求研究生参与科研项目，旨在进一步提高研究生的综合素质和科研能力。2021年，西安科技大学90%以上的研究生参加了各级各类科研项目，产出了一大批高水平科研成果。师生共获得省部级科技成果奖36项，其中特等奖1项、一等奖7项、二等奖15项、三等奖13项。学校不断完善研究生学术成果奖励办法和博硕士研究生申请学位规定，将竞赛获奖纳入毕业条件和成果奖励范畴，鼓励研究生积极参加课外学术科技竞赛，以此提高学生的动手能力和创造力。西安科技大学开展了电子设计大赛、数学建模大赛、人工智能创新大赛、创"芯"大赛、能源工程与装备创新设计大赛等16项比赛，共有3 000多名学生参加，以此积极组织和选拔参加省级比赛的研究生。

国赛方面，西安科技大学于2021年获省部级以上奖项131项，其中国家级34项、省级97项。学校获石油装备国赛"优秀组织奖"。另外，研究生发表高水平学术论文710篇，其中ESI高被引论文22篇，增幅47%，SCI论文414篇，增幅25%。研究生获授权专利153件，其中发明专利85件，实用新型专利68件，获软件著作权25件，成果显著。

西安石油大学建有35个国家级、省部级科研基地，1个省级重点科技创新团队，5个陕西高校青年创新团队，形成了油气勘探理论技术与工程应用等七大特色优势科研领域。2021年，科研合同经费达到2.01亿元，创历史新高，实到经费达到1.82亿元；新增各级各类纵向科研项目301项，合同经费2 251.80万元，实到经费2 971.75万元；签订横向科研项目475项，合同经费17 844.44万元；获得各级各类科研成果奖励44项；公开、授权国家发明专利161项；出版学术专著80部；发表高水平论文600余篇。

（3）文化传承。

传承中华优秀传统文化，是学校实现立德树人、增强育人功能、坚定文化自信、增强文化自觉、实现德智体美劳全面培养的教育体系的重要途径。陕西省各高校以习近平新时代中国特色社会主义思想为指导，以培育和践行社会主义核心价值观为主线，着力构建以和谐奋进团队文化为核心的研究生导学思政新模式，形成全员全过程全方位育人格局，积极开拓中华优秀传统文化传承弘扬途径，深入挖掘以导学团队为载体的育人优势。

陕西省各高校勇于承担责任，努力发掘和继承中华优秀传统文化，立足于学校传统与现实的定位，坚持以社会主义核心价值观为指导，大力弘扬中华优秀传统文化，不断强化校风、教风、学风，深入推进校园文化、大学生艺术展演、中华优秀传统文化科普基地等，形成具有时代价值、区域特色、大学精神的校园文化。另外，各高校通过课堂教学、品牌活动、社会实践活动、节日庆典纪念活动等方式，将中华优秀传统文化发扬光大。

2021年，陕西理工大学举办校园文化品牌活动20余项，建立了10余个红色文化实践教育基地。陕西理工大学主动积极作为，开展区域文化研究与创新，深入开展陕南地区人文历史、川陕老区振兴发展、陕南红色革命文化、西北联大办学精神、陕理工"653""502"精神研究，挖掘和创新区域文化，凝练和丰富大学精神，创作一批传承文化、表现文化、增强文化自信的文学作品和艺术作品。另外，陕西理工大学以汉水文化研究科普基地为依托，广泛开展科学普及工作，策划重大理论与实践问题研究项目，深入挖掘区域红色文化，开展区域文化理论研究，推出了一批有深度、有分量的研究成果和文艺作品。截至2021年底，出版了《汉中抗战纪实》《川陕革命老区红色文化研究》《何挺颖生平思想学术研讨会论文汇编》等研究成果；整理陕西理工大学的历史渊源、精神传承，充分挖掘西北联大办学精神，出版了《秦巴之光》《同舟共济》《情聚"653"》《烽火岁月》等校园文化丛书。

西安工程大学始终以习近平新时代中国特色社会主义思想为指导，立足于中国共产党成立100周年、纪念辛亥革命110周年等重大时间节点，紧跟党的十九届四中全会、五中全会以及全国学联二十七大等重大会议号召，结合贯彻《习近平总书记致全国青联第十三届全委会和全国学联二十七大的贺信》《习近平总书记在庆祝中国共产党成立100周年大会上的讲话》《习近平总书记在纪念辛亥革命110周年大会上的讲话》精神，线上线下广泛开展适应时势的"党史学习教育五个一系列活动"、研究生骨干培训、师生诵读大赛等主题教育活动，引导广大研究生学党史、感党恩、跟党走，真正做到"学史明理、学史增信、学史崇德、学史力行"。教育引导研究生崇尚劳动、尊重劳动，培育和弘扬伟大劳动精神，积极响应"我为同学做件事"的号召，研工部组织了"我为同学做件事——美化校园"劳动实践育人活动、"我为同学做件事——宿舍生活设施维修排查登记"等活动，同时积极营造学术科创氛围。

西安科技大学结合时代发展，深入讲授中华优秀传统文化精髓，引领核心价值观。在开设中国传统文化、中外名著赏析、法理学等公选课的基础上为专业学位研究生开设了工程伦理必修课，同时还增设了武术、乒乓球、篮球、排球等传统体育课程。这些人文类课程的设置对提升学生的核心价值观和综合素养发挥了积极作用。

2021年，西安电子科技大学持续强化研究生理想信念教育，牢固树立研究生社会主义核心价值观。一是深入学习"四史"，牢记初心使命。以学习党的百年奋斗史和学校红色办学历程为重点，开展"网上重走长征路"学习教育活动；举办研究生高级党校、研究生党支部书记培训班；举办"学党史悟初心，赓续红色基因"党史学习教育知识竞赛，共有6 000余名研究生、30多支研究生导学团队参与；举办"党旗飘扬 党在心中"研究生"四史"学习征文活动，收集征文 339 篇，全体研究生都深刻受到了政治教育、思想淬炼和精神洗礼。二是开展校庆育人活动。设置"我和西电对话""我与西电同行""我向西电表白"三个板块，推出初心篇、奋进篇、逐梦篇研究生 90周年校庆献礼系列视频；设置北校区科技楼报告厅分会场及 40 个研究生分会场，组织 3 000 余名研究生"云端相聚"，同享九秩荣耀。三是成立"时代之声"研究生宣讲团。推出"荣耀信仰的光芒""共话百年""沿西电红色足迹走近党史恢宏篇章"等系列精品宣讲内容。宣讲团共开展内部培训 4 次，集中研讨 3 次，专题学习 1 次，外出实践调研 1 次，线上宣讲 12 次，线下宣讲 72 场，线上线下累计覆盖 4 万余人次。

另外，西安电子科技大学持续加强校园文化建设，成效显著。一是强化网络特色宣传教育。"西电研究生"微信公众号2021年共推送文章 618 篇，总阅读量达 8.9 万次，总分享次数近 3.2 万次，其中"研途服务"留言板反馈问题 1 000 余条，答复率 100%。"西电研究生"视频号推送专题视频 38 期，总观看量 7.5 万次。微信公众号和视频号组成的"西电研究生"融媒体矩阵，已成为研究生自主学习知识、获取各类信息以及接受教育的主要校内平台，拉近了师生距离，拓展了教育新途径。二是建设"三好三有"导学文化示范基地。由团队牵头在南北校区建设导学文化示范基地 8 个，制作"三好三有"研究生导学团队制作文化展览板 16 块，分别在南北校区展示宣传，以优秀导学文化引领师生价值理念。目前，两处文化长廊展览板总数已达 78 块，有效地丰富了校园文化内容。三是选出并宣传优秀研究生人物典型。"研途先锋"系列报道 6 期，"国奖人物"典型宣传 21 期，"研究生校长奖候选人物"系列宣传 12 期，充分发挥朋辈引领和先锋模范作用，激励广大研究生厚植家国情怀、坚定理想信念、练就过硬本领、勇于创新创造、矢志艰苦奋斗、锤炼高尚品格，使他们成为德智体美劳全面发展的新时代优秀研究生。

以课程为载体，传承中华优秀传统文化。西安石油大学在 2020 年新修订的培养方案的课程体系中补充完善了国内外优秀文化艺术类课程模块，增加了中国传统文化专题研究的选修课程。同时，鼓励研究生导师、授课教师在培养研究生的过程中自觉融入中华优秀传统文化，引导研究生树立完善人格修养、坚定理想信念、厚植家国情怀的奋斗精神。加强宣传阵地建设，营造文化传承的良好氛围。充分运用各种平台、载体、手段宣传中华优秀传统文化，在校园、餐厅悬挂中华优秀传统文化中的名言名句，在教室、实验室、楼道等地展示并宣传为国家做出突出贡献的人物、国家重大科研成果等，营造中华优秀传统文化传承的良好氛围，激发学生的使命和担当。创新社会实践方式，厚植学生家国情怀。依托学校铁人纪念馆、铁人广场等校内实践基地，筑牢石油精神教育根基，激发学生爱国创业热情；依托延安、照金、梁家河等红色资源库，打造"红色筑梦之旅"，激发学生坚定理想信念；依托长庆油田、延长油田等校外实习基地，优化实践板块设计，厚植青年学生的家国情怀。

（4）国际交流。

在国际交流方面，陕西省及省内高校做出了巨大努力，具体如下。

陕西省致力于打造教育对外开放新格局。建设"一带一路"教育国际合作交流现代化示范区，形成以"一带一路"为核心的教育对外开放新格局，推动教育国际合作交流更全方位、更宽领域、更多层次、更加主动；制定了《陕西教育对外开放服务"一带一路"质量提升计划》，并提出了提高教育对外开放水平和效益的具体措施；加强中小学的国际交流与合作，培育具有国际化视野的青年；举办"丝绸之路"教育交流活动，打造教育对外开放对话沟通平台；指导丝绸之路大学联盟、"一带一路"职教联盟等开展工作，建好上海合作组织农业技术交流培训示范基地。

推动涉外办学高质量发展。打造涉外办学高质量发展牵引平台，加强与世界一流大学开展中外合作办学，加快中外办学资源融合、教育教学改革和课程教材研发，开展办学水平和质量评估，引导学前教育、普通高中中外合作办学健康有序发展；探索高校自主、高效、有序赴境外办学，推进应用型本科、职业院校配合企业"走出去"协同办学；支持建设鲁班工坊，在省内高水平大学、职业院校、开放大学等打造一批教育援外培训品牌和示范基地；加强国际协同创新，鼓励高校牵头或参与国际和区域性重大科学计划（工程），共支持建设了10个左右国际联合实验室、实训基地。

打造"留学陕西"新品牌。全面规范来陕国际学生的招生、培养、管理和服务，实施来陕留学质量提升项目，通过"留学陕西""感知陕西"等品牌，切实提高来陕留学吸引力，优化来陕国际学生结构；完善来陕留学质量保障体系，规范国际学生奖学金设立工作并探索增加职业教育类别，推进中外学生管理和服务趋同化；依托省内高校和国际学生、教师等群体，打造国际文化艺术交流平台；实施出国学习质量提升项目，优化公派出国留学选派结构，推动出国留学资助主体多元化，鼓励高校设立教师和管理人员出国研修项目和联合研究项目。

推进中外人文交流与合作。依托"一带一路"国别和区域研究中心，加强国别区域研究，建设国别区域研究特色智库，为中国参与全球教育发展贡献陕西智慧；以国际汉唐学院、中国书法学院为重点，建设中国（陕西）自由贸易试验区中外人文交流基地，开发具有陕西特色、中国气度、国际影响的中外人文交流品牌；创新人文交流方式，常态化运用在线视频等方式开展教育对外交流，扩大中外青少年学生间的交流规模，打造中外人文交流平台，充分发挥孔子学院（孔子课堂）、鲁班工坊等的作用，推进中外语言和人才培养合作交流，提升陕西教育国际影响力。

提升国际化人才培养质量。推动省内高水平大学与世界一流大学和学术机构进行实质性合作，通过学分互认、学位互授联授、双导师制等形式开展高水平人才联合培养；实施丝绸之路国际产学研用合作项目，聚焦能源化工、航空航天、新材料、高原生态保护和黄河流域高质量发展、传统文化保护开发利用等五大领域，打造高端人才国际联合培养平台，做实"一带一路"国际产学研用合作；加快非通用语种专业建设，加强急需语种人才培养；鼓励支持专家学者（特别是优秀青年人才）参与国际学术活动、国际组织活动和到国际组织任职工作，推动高校与国际组织在人才培养、学科建设、联合科研等方面创新合作。

2021年，陕西理工大学各培养学院适时组织导师团队带领研究生参加国内各学科学术年会，同时积极开展线上国际学术交流。机械工程学位点与美国特莱恩大学、韩国培材大学等多所海外知名大学建立了交流与合作关系。

2021年，机械制造及其自动化专业与美国特莱恩大学签订了联合办学协议，本学科一位教师到韩国培材大学攻读博士学位。2021年，学科教师和研究生参加了2021欧亚经济论坛经贸合作博览会暨中国（陕西）进出口商品展活动（西安机床工具展览会）并做展板宣传。为响应"一带一路"倡议，结合秦巴中药材资源开发，利用研究团队的对外合作基础和工作基础，陕西理工大学、米尼奥大学和澳门大学在2021年4月8日至10日联合主办了"国际药用和食用植物会议暨第三届中国—葡语国家天然产物与生物多样性会议"，促进了生物学及相关专业的科学研究，以及硕士生、本科生人才培养领域的国际交流与合作。2021年，中国语言文学学位点举办了"第四届全国汉代文学与文化学术研讨会""李汉荣文学创作研讨会"等学术会议，在学界产生了良好反响。同时，与陕西师范大学、西北大学、宝鸡文理学院、天水师范学院等高校保持研究生密切交流，共享学术信息，并举办研究生论坛。另外，通过线上、线下等形式为学生提供学术交流平台。

2021年，陕西理工大学与海外知名高校新签订了8份校际博硕士联合培养合作协议，在高层次人才培养合作方面取得了突出成果。其中，与法国萨克雷大学以及意大利帕斯诺普大学、比萨大学、卡利亚里大学签订双博士学位联合培养协议，与英国布里斯托大学签订本硕（3+1）联合培养协议。

西安电子科技大学积极拓展国际学术交流渠道，积极组织研究生赴国外高校交流深造，2021年共有55名研究生获得国家留学基金管理委员会资助；通过线上线下相结合的方式邀请海外专家为研究生做交流指导，组织研究生参加中国计算机学会第19届服务科学国际会议、系统建模与参数提取国际会议、"一带一路"人工智能大会等学术交流活动，实施学校"求真"研修项目，开展"研究生学术英语与论文写作提升专项"线上培训交流；搭建校内学术交流平台，开展第四届"科学道德与学风建设月"活动，持续举办"遨游科学"研究生学术年会；结合"学术校庆"活动，全校共举办学术报告969场，其中院士报告54场，外籍专家报告162场，专题研讨会352场，研究生报告358场，学术年会征集论文2 644篇，评选校级优秀论文71

篇，累计参与人次超过 8.5 万。

2021年，西安工程大学积极探索推进云访学的学生出国（境）交流新模式，提升学生全球胜任力和全球理解力。通过与友好高校和合作机构对接，拓展学分课程、科研学术、研究与沟通技能、国际组织实训等各类线上访学交流项目，提高研究生学术国际交流能力，努力探索开拓学生国际视野的新模式。2021年，共引进30余个海外高校短期线上课程及实训项目，开展了4场关于学生提升国际交流能力的宣讲会；发挥新媒体力量，在国际处网站和微信公众号发布各类学生项目通知40余条，积极营造国际化学习氛围；持续发挥学生国际交流奖学金激励作用，资助21名学生参加国际组织实习等在线云访学项目及英语标准化考试；及时转发各类国家公派留学资讯，积极组织师生参加由国家留学基金管理委员会组织的项目宣讲会，并协助多名已获批项目的教师办理项目延期或改派申请，提升了公派留学服务质量。2021年共有4名教师获批国家公派项目，2名教师获批西部项目，1名硕士研究生获批政府互换奖学金项目。

西安交通大学通过部门联动整合招生资源，拓展招生新项目。2021年，西安交通大学和国家发展与改革委员会国际合作中心签署战略合作协议，开展国际产能合作博士培养项目；与西安市政府合作，开办"世界城地组织高层次留学生教育项目"，携手西安市人民政府外事办事处、城地组织亚太区秘书处联合宣传，选拔优秀高层次人才；开拓线上宣传渠道，扩大国际教育影响力，开通Facebook、Instagram、YouTube等海外社交平台账号，首次对外发出留学西交大的官方声音；开展23场线上直播、5场海外教育展，扩大学校在"一带一路"共建国家的知名度；通过新闻月刊等形式，加强与我国驻"一带一路"共建国家使领馆、高等教育机构及孔子学院的交流与互动，维护生源渠道与友好关系。

西安石油大学在2021年与国外86所高等院校进行了广泛的交流和合作。积极与菲律宾文珍俞巴大学孔子学院合作；与印度国家信息学院合作；与美国28所高校合作，实施"中美1+2+1"的教学计划；在美国、俄罗斯、韩国等国家的高校实施"2+2"双学位计划；与英国、美国、德国等国家的高校合作，实施"4+1""4+2"研究生计划，并实施博士奖学金计划，与美国、英国、德国、法国、日本等国家进行短期留学计划；积极推进来华留学生教育工作，先后被教育部列为"中国政府来华留学生奖学金接收机构""来华留学生示范基地"，并通过了来华留学质量认证，已培养了78个国家的来华留学生8 000余人。

西安石油大学严格执行 2020 年 11 月印发的《西安石油大学学生出国（境）交流学习管理办法》，不断规范学生出国（境）交流学习管理，推动提升学校国际化办学水平。2021 年，共 6 名研究生通过国家公派汉语志愿者项目赴克罗地亚、韩国等国家任汉语教师。积极申报教育部国际产学研用会议框架下的中外导师培养项目。根据教育部国际司《关于做好 2021 国际产学研用合作会议框架下中外导师联合培养研究生工作的通知》， 5 名博士生导师、10 名硕士生导师获批中外联合培养博士研究生、硕士研究生导师资格，获批 5 名博士研究生和 10 名硕士研究生招生指标，并于2021 年完成了全部招生工作。拓展不同类别的在线学习项目，激发学生参与国际项目的积极性。在寒暑假组织学生参与美国加州大学、美国宾夕法尼亚大学、英国伦敦大学、英国牛津大学等国外名校的线上学习课程，并在学期内多次推出各类国外高水平免费线上课程。通过不断引进国际高水平大学课程资源，提升学生国际化视野。此外，学校还积极组织学生以线上宣讲会的方式，让学生进一步了解国外高水平大学的优势及申请方式等，营造学校的国际化氛围，为学生日后出国留学做好准备。

西安外国语大学2021年继续发挥语言类院校的专业优势，与英国纽卡斯尔大学、英国萨塞克斯大学、西班牙拉蒙尤以大学、日本武藏大学等世界高水平高校新签或续签合作协议 12 份；接待波兰驻华大使馆副馆长拉多斯瓦夫·弗利修克、外交部公使衔参赞林棘、北京艾克斯枫华董事长等重要国内外来访团组；会同高级翻译学院、欧洲学院、俄语学院持续推进首个中外合作办学机构西安外国语大学肯特学院的申报工作。在不断推进国际交流合作的同时，紧抓重点项目、重点任务的落实工作，保障国际交流项目高质量、高效率发展。2021年，西安外国语大学积极参与教育部2021丝绸之路国际产学研用合作会议，并与陕鼓集团建立产学研用国际人才培养中心，同时召开校内协调会，全面落实国际产学研用会议框架下的中外双导师联合培养研究生项目，牵头制定了国（境）外导师聘请和管理办法，协调研究生院和相关二级学院全面推进获批的 6 组中外双导师指标的人才培养方案，推动丝绸之路国际产学研用合作及国际化人才培养取得更大成果。2021年8月，顺利招收建校以来首位国际博士研究生。因为部分原因，该生暂时不能入境进行线下学习，国际处会同研究生院一起，为该生成功申请到西安市政府"一带一路"国际学生奖学金，并为该生制定单独的线上教学培养方案。录取了该生，西安外国语大学实现了国际博士研究生培养零的突破，标志着西安外国语大学国际学生培养进入了"本、硕、博"三个层面的立体化培养新阶段。

陕西省要利用"一带一路"建设的地缘优势，加强高等院校对外合作交流，但在学习外来先进经验时要首先立足于本省实际，考虑到地方发展的特殊性，灵活运用。一个国家高等教育的发展和改革，必须依照本国教育的实际情况进行，对于"舶来品"要充分考量其是否因时因地制宜，量力而行，应当辩证看待。未来陕西省要打造高等教育强省，必须提升高等教育国际化，加强国际交流合作。借助"一带一路"倡议的地缘优势，积极"走出去"，学习国外高等教育先进的理念、模式、方法等，引进优质教育资源，打造交流渠道和平台，使国外优质资源的获取更便捷，提升陕西省高等教育质量，扩大选派优秀教师出国交流名额的覆盖面，加大优秀学生外派交流的力度，扩大国外留学生的招收范围。同时鼓励本省高校与国际高水平高校展开合作，加强中外高校的合作办学，提高本省高校的国际化办学程度。总之，陕西省要加强与国际间高校的交流合作，借鉴国外的先进经验，将适合本省实际的科学方法"引进来"，以此提高陕西省高校的国际化水平。

（5）奖助情况。

陕西省在实施国家各种奖学金和国家助学贷款制度的同时，也科学、合理地构建了高校学生资助制度，以鼓励大学生自主创新。强化研究生助管、助教、助研工作；鼓励研究生担任助教，增加助教经费，加强助教工作，提高学生的科研能力和社会实践能力。以此不断改善研究生学习、科研和生活条件。

陕西省大力投入教育经费，力保每位研究生能够顺利完成学业，各高校也设置了各类奖助学金帮助学生。各高校根据《中共中央、国务院关于印发〈深化新时代教育评价改革总体方案〉的通知》（中发〔2019〕19号）、《陕西省财政厅等五部门关于印发〈陕西省学生资助专项资金管理办法〉的通知》（陕财办教〔2020〕206号）等文件精神，结合学校研究生教育管理工作实际，自行对各自学校的奖助体系实施办法进行了调整修改。

陕西科技大学对《陕西科技大学研究生奖助体系实施办法》进行了全面修订，同时修订了《陕西科技大学"双一流"建设研究生科研创新贡献激励办法（试行）》《陕西科技大学研究生（评奖、评优）德育评定细则（试行）》等文件，制定了《陕西科技大学研究生助研、助教、助管工作管理办法》，通过构建以国家奖学金、国家助学金、学业奖学金为主体，以研究生科研创新贡献激励、优秀研究生干部奖学金、研究生助研服务费为支撑，以研究生国家生源地信用助学贷款为保障的"奖、助、贷"多元化研究生资助体系，用于全面激发研究生科研创新活力，促进研究生教育高质量发展。

各类奖助学金如下。

1）国家层面研究生奖助学金设置情况。

研究生国家奖学金是对优秀毕业生进行表彰的最高荣誉，主要是为了表彰优秀毕业生的学业成绩、科研成果和发展潜力。博士学位的资助标准为每人每年3万元，硕士学位的资助标准为每人每年2万元。研究生国家奖学金是一次性的，具体的名额将根据上级下达的年度计划而定。研究生国家助学金是为参加全国研究生招生考试的全日制毕业生〔即脱产参加全国研究生招生计划的、符合资助条件的全日制研究生（全部脱产指全脱产学习，入学时档案、人事关系全部转入学校，并且没有固定工资收入的研究生）〕设立的。硕士研究生资助标准为每生每年0.6万元，博士研究生资助标准为每生每年1.3万元。

2）学校层面研究生奖助学金设置情况。

各高校根据自身情况设置相应的研究生奖助学金。

陕西科技大学设立了研究生学业奖学金、研究生科研创新贡献激励基金、优秀研究生干部奖学金、研究生助研劳务费、研究生"三助"岗位。研究生学业奖学金分为博士研究生学业奖学金和硕士研究生学业奖学金，其中博士研究生学业奖学金中博士一年级奖励额度为1万元（比例100%），博士二年级、三年级学业奖学金奖励额度为1万元、1.5万元（比例为40%和60%）。硕士研究生二、三年级学业奖学金奖励额度为0.2～0.5万元（比例不高于75%）。研究生科研创新贡献激励基金用于激励研究生在理论创新、技术创新、艺术创作等方面取得高水平基础创新成果，国内外高价值发明专利以及社会基础服务贡献成果等，依"学术论文、授权发明专利、参与导师横向合作项目的当年到位经费、学位论文"具体情况分层次奖励。优秀研究生干部奖学金为激励研究生在德、智、体、美、劳等方面全面发展，奖励标准为每生每年500元，奖励比例不超过全校研究生总数的3%。研究生助研劳务费分为博士研究生助研劳务费和硕士研究生助研劳务费。博士研究生由导师每年发放1～2万元的助研劳务费，每年由研究生院统一收取并发放。参与导师科研项目的硕士研究生，导师根据研究生的贡献度每月发放200～1000元的助研劳务费。研究生"三助"岗位由各学院、职能部门根据工作实际需要，向研究生院（研工部）申请研究生助教、助管岗位。研究生院（研工部）会同人事处根据全校岗位设置助教、助管岗位。研究生院（研工部）会同人事处根据全校岗位总体情况，分配研究生助教、助管指标。助教、助管劳务费由学校承担，标准为每月800元。另外，还有各类助学贷款等方式帮助学生更好地完成学业。

西安工程大学注重加强研究生质量内涵建设，突出学术成果绩效考核，进一步完善奖助制度，系统地修订各项奖励文件。一是博硕贯通，一体化制定；二是加大对学科竞赛的资助和奖励力度；三是分学科奖励高水平论文；四是坚持落实学校、学院、导师三级奖励资助制度。西安工程大学研究生奖学金由国家奖学金和社会奖学金构成。2021年，共39人获得国家奖学金，奖金共计78万元；780人获评学业奖学金，奖金共计367.2万元；社会专项奖学金发放40人次，发放金额共计12.7万元。

陕西理工大学制定出台了"天汉助研奖学金"等管理文件 5 份，在研究生三助津贴、勤工助学等方面出台相关管理文件、实施细则 3 份，不断修订研究生奖学金评定办法，不断完善奖助育人体系，设立了研究生科技成果专项奖励，增大了科技活动在奖学金评定中的比重，组织完成了第十五届研究生电子设计竞赛（获省级二等奖 2 项）、全国研究生统计建模大赛（首获二等奖 1 项）、研究生创新成果展、英语演讲比赛、第六届论文大赛、第五届教育硕士技能大赛等学科竞赛活动，研究生的学习积极性和科研积极性明显提高，学风建设成效显著。2021 年，硕士研究生共有 11 人获得国家奖学金，380 人获得学业奖学金，63 人获得学业专项奖学金，576 人获得 2021年春季学期天汉助研奖学金，630 人获得秋季学期天汉助研奖学金，发放金额共计400 余万元；24 人获得"优秀毕业研究生"称号，16 人获得"优秀毕业研究生干部"称号，3 人被评为省级优秀毕业生，3 篇毕业论文获得优秀学位论文。

三、导师队伍师资建设情况

1.制度建设

西安工程大学贯彻落实《关于加强新时代高校教师队伍建设改革的指导意见》，明确导师立德树人"七要"职责和导师禁行行为"八不准"，严格要求导师行为准则，加强导师对学生的学术引领和人生指导。

陕西理工大学修订了《陕西理工大学研究生指导条例》，该《条例》规定：导师遴选严格按学校相关文件要求执行，遴选条件公开透明，程序规范；复查遴选每 3 年进行一次，不够标准的取消导师资格，两年后方可再次申请导师资格遴选。2021年，西安工程大学审核了各导师2022年的招生资格，同时完成了新增导师的遴选工作，新增博士研究生导师5人（西班牙武康大学）、学术型硕士研究生导师26人、专业学位型硕士研究生导师66人。

西安科技大学不断完善研究生导师遴选条件，印发了新版硕士研究生指导教师遴选办法，破除"五唯"，推行多元化成果评价，新聘任67名优秀年轻教师加入导师队伍；继续推行项目导师聘任，新聘项目博士研究生导师26人、项目硕士研究生导师26人；加强行业导师队伍建设，新聘校外实践基地专业学位导师72人。

在导师培训方面，西安科技大学积极开展研究生导师培训工作，完善新遴选导师集中培训，实行"在职、定期、经常性""以校为单位"的教育体制，将政治理论、师德、教师职责、研究生教育政策、教学管理制度、教学方法等纳入"双师"培养模式；组织全体导师学习习近平总书记来陕考察重要讲话和全国、全省研究生教育会议精神，举办导师培训活动30余次；推行导师老中青传帮带制度，优化指导团队，帮助青年导师提升指导能力。

关于陕西理工大学教师职业道德教育的主体责任问题，学校严格落实师德建设主体责任，建立党委统一领导、党政齐抓共管、牵头部门明确、学院（部）具体落实、教师自我约束的工作机制[①]；学校党委书记、校长要抓师德，要带头抓好师德建设，要对所在单位的师德建设负直接领导责任。

强化组织领导配齐专职工作力量。陕西科技大学2014年4月成立了党委青年教师工作部，2017年9月改为党委教师工作部，2018年9月起与人事处合署办公，全面统筹全校教师的思想政治教育和师德建设工作。2021年，党委教师工作部配备1名专职工作人员，通过组织保障，配齐工作力量，有效增强工作抓手，确保师德师风建设落到实处。

同时，要强化教师的思想政治工作。陕西理工大学以习近平新时代中国特色社会主义思想武装教师的思想，深入开展党史学习教育，各级党组织

---

① 姚昌，张晓波.高校青年教师师德现状透析[J].学校党建与思想教育，2015（23）：87-88.

结合"三会一课"、主题党日活动、集中学习与个人自学党日活动等形式，采取专题辅导与交流讨论相结合等形式，组织教职工党员开展深入学习，实现学习全覆盖。通过观看"七一讲话"、聆听党史学习教育专题报告、参观红色旧址等，切实把教师思想和行动统一到习近平总书记重要讲话精神和党中央决策部署上来。充分挖掘优秀教师中的代表，2021年6月17日，组织青年教师参加"学校光荣在党50年"活动，遴选优秀青年教师、环境科学系党支部书记朱超作为代表进行发言。多措并举，创新师德师风教育形式。为了进一步强化师德建设，指导广大教师树立理想信念，培养高尚的师德，严格遵守师德操守，陕西科技大学开展了师德专题教育线上答题活动。全校共有千余名教师参与了此次师德答题活动，答题参与率超过90%。内容既有对师德师风建设重要讲话和文件精神的考核，也有对触碰政治红线、违反学术道德、有损教师形象等师德失范行为典型案例的辨析。同时，为了丰富师德师风教育形式，学校也做了其他方面的努力。一是印制师德师风学习材料，2021年先后印制《陕西科技大学师德师风建设案例汇编》两册，内容涵盖习近平总书记关于教育的重要论述、师德师风论述、重要文件、教育部公开曝光的典型案例等，分发给各个学院，作为开展师德师风教育工作的学习资料。二是深入学院开展专题教育培训，党委教师工作部人员深入二级学院，做师德专题辅导报告，加强警示教育全覆盖，使广大教师充分认识到自己肩负的职责与任务，正确把握好师德建设的指导性、禁止性规定，使广大教师共同遵守师德操守。

2021年，西安电子科技大学进一步加强研究生导师队伍建设，规范校外兼职研究生导师聘任管理，现有博士研究生导师695人，学术硕士研究生导师1 514人，专业学位硕士研究生导师1 331人，研究生导师规模在同类型高校中居于中间位置，生师比逐步改善。

2.师德师风

陕西省认真落实教育部等七部委《关于加强和改进新时代师德师风建设的意见》及《陕西省关于加强和改进新时代师德师风建设的实施意见》等文

件精神，力求做到每位教师都拥有良好的师德师风。

西安科技大学不断加强导师师德师风建设，完善导师立德树人职责实施细则，进一步明确导师的"八条禁行"行为；进一步加强了导师立德树人职责年度考核，将考核结果作为招生资格年审、教师年度考核、职称（职务）评聘、评优评先、绩效分配的重要依据，坚持考核结果不合格一票否决制度。1名导师获"全国优秀共产党员"，1名导师获"陕西省五一劳动奖章"，1名导师获"陕西省教书育人楷模"，2名导师获校级"师德标兵"，7名导师获校级"师德先进个人"。

陕西理工大学把师德师风建设始终作为研究生教育的重点工作，从新进导师遴选、研究生新生入学教育开始，面向导师和研究生都要举行职业道德、学术规范专题报告，各培养学院也定期召开师德师风建设座谈会，把科学道德和学术规范培训作为新进导师培训的首要任务。同时，也印发了《陕西理工大学研究生导师立德树人职责实施细则》。2021年，陕西理工大学开展的各级各类师资培训参与人数为400余人次，推荐了225名硕士研究生导师参加"科学规范导师指导行为　建设一流研究生导师队伍"专题网络培训班学习。另外，不断完善教师职业道德和学术不端的监督检查机制，建立教师师德档案。

2021年，西安财经大学研究生工作部在学校党委领导下，深入贯彻学习习近平总书记关于教育的重要论述和教师队伍建设、师德师风建设重要指示要求，始终把加强师德师风建设作为教师队伍建设的第一要务。一是加强新增导师师德教育。在加强新增导师遴选要求的同时，对新增导师进行师德师风的教育。二是把师德教育放在首位，加大校情校史教育，用身边的师德楷模事迹感染教育新教师，提升新教师师德师风修养。

西安电子科技大学持续深化研究生导师队伍建设，出台了《西安电子科技大学关于进一步加强研究生导师队伍建设的实施意见》，进一步严格研究生导师认定标准，规范聘任流程，完善考核体系，全面落实导师立德树人的职责，突出导师为研究生培养第一责任人的职责。加强研究生导师指导过程监督，引导导师正确处理"导"和"用"的关系，建立导师负面行为清单，实施师德师风一票否决制。

西安石油大学积极加强导师队伍建设，强化导师岗位管理，实行导师遴选与聘任分离，破除导师终身制。在导师遴选与认定、聘任与管理中，对违反师德师风者实行一票否决制。鼓励校内导师跨学科交叉培养、跨院（系）联合培养，聘请国内相关高校、科研院所及行业企业专家组建导师团队。

延安大学出台相关制度进一步严格加强导师师德师风建设，并通过举办各类讲座、活动，强化师德师风建设。例如：组织全校师生通过陕西干部网络学院在线学习"学习贯彻习近平总书记来陕考察重要讲话重要指示""学习贯彻党的十九届六中全会精神""陕西党史学习教育"等内容；各学院在新聘导师培训中邀请校内外专家学者为青年导师传授经验，树立榜样。强化师德宣传，充分发挥师德典型的示范作用，积极通过微信公众平台连续推送线上教学优秀导师、优秀教师的典型案例和感人故事等。

《陕西科技大学教师师德考核办法（试行）》是陕西科技大学于2017年11月发布的。陕西科技大学将师德建设纳入教师评价体系，建立师德诚信档案，记录在案，师德不合格即为年度不合格，并与职称评聘、评优、晋升等工作紧密联系在一起，促进教师的师德建设和职业操守。《陕西科技大学教师师德失范行为负面清单及处理办法（试行）》是陕西科技大学制定的配套文件。

2019年1月，陕西科技大学出台了《陕西科技大学教师师德失范行为负面清单及处理办法（试行）》（以下简称《处理办法》），贯彻落实教育部《关于建立健全高校师德建设长效机制的意见》《新时代高校教师职业行为十项准则》等文件要求，对教师职业行为十项准则进行细化，从思想政治、教育教学、学术道德、工作生活等四个方面划定了教师职业行为不能触碰的红线，列出了比较详细的三十条负面清单，对全体教师进行提醒与警示。《处理办法》对教师师德失范行为的举报受理与调查处理机制作出了程序化的规定，梳理了调查、取证与核实的流程，在对师德失范行为进行认定之后，严格执行师德一票否决制，对于触碰师德红线的行为，坚决一查到底，依法依规严肃惩处。

《处理办法》建立了重大师德问题报告和师德舆情快速反应机制，进一步完善了党委统一领导、党政齐抓共管、院系具体落实、教师自我约束的领导体制和问责机制，师德建设出现问题，将根据职责权限和责任划分进行问责。教师出现师德失范行为，所在院系党政主要负责人需承担相应责任。

2021年，陕西科技大学全面贯彻习近平总书记关于教育的重要论述及全省师德师风建设工作相关要求，按照《陕西省师德师风建设三年行动计划（2021—2023年）》文件精神，健全师德师风领导体系，深入开展师德专题教育，创新师德师风建设形式，营造尊师重教良好氛围，落实立德树人根本任务，把立德树人作为评价教师队伍素质的第一标准，引导教师对标"四有好老师"要求，自觉加强师德修养，严格遵守师德规范，不断加强教师思想政治和师德师风建设。

四、研究生教育质量保障

1.组织做好学位授权点专项评估

（1）学科自我评估进展与问题分析。

在学科建设方面，陕西省各高校学科结构布局有待进一步优化，应根据经济发展需要，科学安排学位点和授予学科，加强学科建设的灵活性，完善学位点的预警与动态调节机制。另外，应对持续低效、长期与经济社会发展需求背道而驰、人才培养过剩的学科进行预警。

在学科团队上，学科领军人才匮乏，学科团队实力不强。所引进人才的紧缺性、针对性不能对接学科建设的迫切需求。学科团队存在散、弱、小、虚的不良问题。运行机制仍需不断完善，建设思路和运行方案也亟待进一步系统化和体系化。在学科交叉、跨界融合等方面观念滞后、敏锐性不高。满足于现状，进取动力不强。

西安交通大学按照"理科补短强基、工科育新强优、医科交叉强质、文科经典强用"的"四强"建设思路，深入推进学科内涵建设，提升核心竞争力。坚持"理科补短强基"，面向国家重大需求和国际学术前沿，依托大数据算法与分析技术国家工程实验室等平台，在数学与大数据、智能通讯、机器学习、光场及其量子态调控、新能源材料、石笋古气候研究、微纳生物技术等方面取得突破，扎实推进理科跨越发展。

西安外国语大学适应国家和地方经济社会发展需要，并结合自身学科建设优势，持续优化学科布局和专业结构，形成以人文学科为主体，社会学科、管理学科和理学学科协调发展的研究生人才培养布局。2021年，学校学科建设坚持以立德树人为根本任务，围绕学校年度工作要点和学科建设工作目标稳步推进工作，学校制定了《2020—2025年学位授权点周期性合格评估工作方案》，启动周期性合格评估工作。成立学校合格评估工作领导机构及专项工作小组，确定参加评估学位授权点范围，明确评估方式、评估程序以及时间进度安排，落实工作职责及工作要求。积极跟进第五轮学科评估工作进展。积极开展学科自评与学科建设总结工作，备战第五轮学科评估。根据教育部学位中心发布的《关于开展第五轮学科评估信息公示的函》，组织外国语言文学、教育学、中国语言文学、工商管理四个参评学科开展公示信息核查工作，梳理总结同类高校及上轮B档以上43所高校的公示信息及数据，形成《第五轮学科评估公示信息总结》，对标对表分析研判，密切关注评估动态；6月，面向相关二级学院发布《关于推进第五轮学科评估工作的通知》，统筹安排在校生、毕业生及用人单位进行问卷调查工作，依次前往各学院当面沟通，确保问卷调查顺利开展；9月下旬，根据教育部学位中心反馈的评估信息核查结果，及时处理存疑问题。

陕西科技大学严把人才出口，严格学位授权。组织毕业论文开题、中期考核及预答辩、答辩活动，执行学位论文"双盲评审"制度，出台《研究生中期考核实施办法》《硕士学位论文开题报告管理规定》《硕士学位论文评阅与答辩工作规定》《硕士学位论文评审工作实施办法》《硕士学位论文答辩工作实施细则》《硕士学位授予条例》等文件，有效提高了毕业论文质量。逐步落实研究生分流淘汰制度。加强落实本科生学业导师制，从大一、大二学生抓起，鼓励学生参与导师课题，吸引学生报考本校研究生；优化生源结构，扩大招生宣传。针对教育硕士招生与人才培养：一是重视和加强本校师范专业本科生的培养质量，采取"优质生源选拔计划"等措施，为教育硕士生源提供基本保障；二是严把培养关，支持在校研究生积极参加教师技能等比赛，注重内涵发展，提升其教育综合技能和素养，从而提高学校办学的社会影响，扩大招生宣传，吸引优质生源；三是逐步改革教育硕士招生录取办法，对应届生通过政策择优录取本专业毕业生；四是积极创造条件开展非全日制教育，改善生源结构，已于2022年招生计划中申请。

西北大学扎实推进2020—2025年学位点周期性合格评估工作，加强学位授权点内涵建设。年初召开会议，传达国家文件精神及要求，启动2020—2025年学位点周期性合格评估工作；编制并上报2020年度《西北大学研究生教育发展质量报告》；依据《学位授权点合格评估基本条件》《学位授权点抽评要素》《学位授权点自我评估指南》等文件要求，制定并上报了学校2020—2025年学位授权点自我评估工作方案；召开3次专题会议，安排布置所有参评学位授权点，编制2020年和2021年《学位授权点建设年度报告》，并做好《学位授权点基本状态信息表》的预填写工作。做好学位授权点动态调整工作。根据《关于做好2021年度博士硕士学位授权学科和专业学位授权类别动态调整工作的通知》（陕学位〔2021〕4号）文件精神，2021年度继续紧密围绕国家重大战略和陕西经济社会发展优化学位授权点布局和学科结构。根据《国务院学位委员会关于下达2020年审核增列的博士、硕士学位授权点名单的通知》（学位〔2021〕14号）精神，西北大学获批图书情报专业学位授权类别，专业学位授权类别达到了18个。

在学科建设方面，西北大学"双一流"建设工作取得了重大进展。经过持续的政策资源投入与培育建设，地质学和考古学两门学科成功入选国家"双一流"推荐专业。第五轮学科评估工作稳步推进。遴选校内外专家组成学科专家组，精心组织"学科三轮摸底、学科三轮填报、专家三轮把关、部处三轮审核",按期做好了31个一级学科的参评材料报送工作,找准了短板和问题,明确了下一步建设的重点和方向,切实做到了以评促建、以评促升,学科内涵建设水平不断提升。

学科生态系统初步形成。西北大学全面系统地对"十三五"时期学科建设成效和经验进行总结分析,继续坚持"分层次、差异化"学科建设思路,结合国家"双一流"建设及学科评估指标体系要求,形成"一流引领、基础支撑、交叉融合、协同发展"的建设思路;稳步推进以"一流学科引领计划""基础学科振兴计划""应用学科提升计划""超学科发展计划"为主要内容的"学科高质量发展工程",优势突出、特色鲜明、布局合理、和谐共生的学科生态系统初步形成。

西安体育学院在2019年和2020年进行了学科自评。发现存在以下问题:学科发展水平与国家一流学科建设要求还存在一定差距,高质量、高水平的科研成果数量不多,承担国家和地方重大科技项目的能力还存在一定差距,学科特色需要进一步凝练。科研团队、平台建设、产学研结合还比较薄弱,目前还没有形成在国内外有较大影响力的科研团队,高层次、有影响的领军人才缺乏。研究生学术研讨和学术训练有待加强。研究生参加国内外学术会议、学术交流培训和竞赛比赛的资助体系还需完善。为学生在校内外提供的学术训练和技能训练的资源有限,拔尖创新人才培养力度不够。

长安大学编制完成了长安大学新一轮《"双一流"建设高校整体建设方案》和《一流学科建设方案》。长安大学着力加强马克思主义理论学科建设,实施基础学科深化建设行动;启动土木工程、机械工程、环境科学与工程等一流学科支撑学科的建设方案编制工作;获批交通强国建设试点单位,启动服务交通强国建设行动。全力做好第五轮学科评估。2021年1月15日,长安大学正式向教育部学位中心提交了28个参评学科的第五轮学科评估相关材料,并完成了学科评估公示材料核查、两轮补充材料提交、两轮制度检查材料提交等工作。持续优化学科结构布局。以"双一流"建设为引领,印发实施《长安大学学科专业结构优化调整与建设推进工作方案》;组织开展学科专业建设布局梳理，完成第一轮学科方向凝练，瞄准国家战略需求和新一轮科技革命；遴选首批"双碳""数字+"交叉学科团队，组建能源与电气工程学院。学位授权点建设取得进展。2021年，长安大学获批交通运输专业学位博士授权点，以及体育和城市规划两个专业学位硕士授权点。交通运输专业学位博士点的获批，实现了专业学位博士授权点建设的突破，将推动学校应用型高层次人才培养能力的进一步提高。

（2）研究生教育培养方面。

陕西省各高校不断完善研究生招生机制改革，切实提高生源质量。陕西科技大学按照学校建设规划发展目标，统筹推进"2+3+5"学科建设布局，调整完善《陕西科技大学博士研究生计划分配方案（试行）》《陕西科技大学硕士研究生招生计划分配管理办法（试行）》，做到更加科学、精细、系统地体现学校发展理念和改革方向，在招生计划分配中，重点考虑学校特色学科、优势学科以及服务地方经济发展学科等陕西省"一流学科"建设项目和培育项目，招生计划向重大专项、重大平台以及国家关键领域和急需学科领域倾斜。通过不断完善硕士研究生"优秀生源计划"、推免生接收选拔机制改革，积极探索博士招生"申请–考核"制、"硕博连读"及直博生等选拔机制，建立了一条畅通的"本硕博"学历提升渠道，使本校优秀生源、外校报考生源以及硕士在校生均能选择与自我发展相匹配的攻读学位路径。首次开展直博生选拔工作，逐年扩大"硕博连读"及"申请–考核"制优秀生源比例。积极开展并探索优秀应届本科生攻读研究生的选拔机制，保障"本硕连读"招生政策的执行，切实提高学校的研究生教育质量。

人才培养水平有待加强。研究生教育规模需进一步扩大，研究生创新创造能力和学术规范意识亟待提高，优质教学资源供给能力不足，教学信息化建设力度和教育质量保障体系建设需进一步加强。分流淘汰和分类指导机制体制亟待进一步完善，还没有从管理体制上、制度上对学生的分流淘汰产生实质性影响和震慑，仅仅是学生自动提出退学或放弃学业，同时，把专硕当学硕来培养的情况还依然存在。

保障体系及硬件设备有待进一步加强。目前，研究生考试"作弊防控系统"、研究生教育管理信息系统、研究生教室信息化程度与同类高校相比均存在较大差距，这给研究生教育教学和管理工作带来较大困难。研究生教育的国际化程度较低。学生及导师出国出境交流、访学的途径及机制还不健全，尤其是研究生国际联合培养和师生与国内外其他高校、科研院所的合作交流还未形成常态化机制。

西安财经大学始终坚持以评促建、以评促改、评建并举，通过学科评估、一流学科建设、申请新增博士学位授予单位建设等工作，及时发现学科建设与学位点建设中存在的短板和不足，强化自我评估、自我诊断、自我改进，制定了《西安财经大学2021—2025年学位授权点周期性合格评估工作方案》《西安财经大学申请新增博士学位授予单位建设方案（2021—2025）》等管理制度。我国高等教育进入新的历史阶段，学科作为强校之重，受到了各所高校的重视。

西安电子科技大学出台了《西安电子科技大学学位授权点合格评估自我评估工作方案》。学科发展仍存在以下几个方面的问题。一是高水平师资队伍建设有待进一步加强。因受西部地区和电子信息行业发展影响，高端人才和优秀青年后备人才的"引育留"受到经济发达省份高校挑战较为突出，师资队伍建设后劲有待提升。二是吸引优质生源能力亟待提升。学校全日制硕士研究生招生规模与其他高校持平，博士研究生招生规模与其他高校仍存在差距。同时，由于近年来高校间优秀生源竞争逐年加剧，受学校层次、所处地域以及奖助金等因素的制约，学校如何吸引优秀生源已经成为研究生工作的重点和难点。

西安建筑科技大学以"双一流"建设为牵引，搭建"世界一流培育学科、国家一流建设学科、省级一流建设学科、省级一流培育学科"四个层次学科横梁，统筹推进"优势学科超越、特色学科振兴、新兴学科跨越、基础学科崛起"四类学科建设，构建了"四梁四柱"一流学科建设体系，明确了"以学科方向凝练为核心、以学科团队建设为抓手、以学科平台为支撑、以学科集群为突破"的"四位一体"一流学科建设路径。

西安建筑科技大学认真梳理总结首轮省级"双一流"建设取得的成效和不足，形成了《"双一流"建设周期总结报告》，经校外专家组论证评价，一致认为，学校圆满地完成了一流大学及建筑学一流学科建设目标任务，成效显著，符合度好，达成度高。另外，学校积极迎接陕西省教育厅专家组验收，汇报了建设取得的标志性成果、建设成效、服务融入"秦创原"建设情况，以及下一步学校构建"11445"发展新格局的理念和思路。

聚焦评估目标持续靶向发力。西安建筑科技大学针对第五轮学科评估信息核查、公示异议处理等环节，组织各参评学科，仔细核查、谨慎处理，全面梳理评估公示数据，用数据检视参评学科的发展现状及与同类学科的优劣对比，分析短板，针对存在的不足与问题，提出下一步工作思路与建议。

实现学位授权点新的突破与增长。西安建筑科技大学获批土木水利博士专业学位授权点、生态学一级学科硕士学位授权点。博士专业学位点系陕西省属高校首批获准，填补了博士专业学位点的空白，实现了人才培养学位类型及层次的全覆盖；生态学一级学科硕士学位授权点的获批，为学校服务秦岭生态保护、黄河流域高质量发展等国家重大战略需求搭建了良好的学科育人平台；土木工程一级学科下的自设二级学科"现代结构理论"更名为"工程结构力学"，为申报理学博士点奠定了基础；主动撤销环境与资源保护法学、信号与信息处理二级学科硕士点，增列法律硕士专业学位硕士点。

西安科技大学编制了《2021—2025年西安科技大学学位授权点周期性合格评估工作方案》，启动了学位授权点评估工作，计划分六个阶段开展评估工作，其中前五个阶段为学校自我评估和整改阶段，第六阶段为教育行政部门抽评阶段。评估先由学院自我诊断、总结及提升整改，学校再进行全面评估。依据合格评估要素和指南，各学位授权点对2021年度研究生教育工作和学位点建设总体情况进行梳理和总结。各参评学位授权点梳理统计学位点建设基本状态数据，总结整体建设进展，撰写《学位授权点建设年度报告》。

2.完善硕士学位论文抽检工作

陕西理工大学研究生学位论文从 2015 届起一直实行全盲审，保证了论文质量。在省学位办组织的硕士论文抽查过程中，被抽查的 50 篇论文中 2 篇优秀、33 篇良好，优良率为 70%。研究生院参照抽检结果，认真分析总结，继续强化管理，严格把关质量监控各环节，力戒流于形式，做实研究生培养环节的监督机制。

2021 年，根据陕学位办《关于做好 2021 年陕西省硕士学位论文抽检工作的通知》（陕学位办〔2021〕6 号），陕西理工大学研究生院组织完成了 2020 届 13 篇被抽检硕士论文的整理上报工作，省学位办于 10 月份反馈了结果，13 篇论文全部合格。

西安财经大学根据学校学位论文管理制度，在学位论文学术不端行为检测、学位论文预答辩、学位论文外审、学位论文答辩等各个关键环节进行严格把关，保证在学位论文各个环节的检查覆盖率为 100%，其中学位论文外审环节的方式为校外专家双盲评审。在"十四五"期间，夯实学校学科建设基础，使学校整体办学条件达到新增博士学位授权单位可量化的基本要求，综合实力显著增强。

西安电子科技大学学位质量坚持重心下移、关口前移，充分发挥导师、学院和学校的主体作用，严守培养环节的"过程关"，严控学位授予质量的"出口关"。2021 年，国务院教育督导委员会办公室对 2018—2019 学年授予博士学位的论文进行了随机抽检，共抽检论文 20 篇。根据《关于反馈博士学位论文抽检专家评议结果的通知》（国教督办函〔2021〕74 号）反馈，所有被抽论文结果均为合格。2021 年，陕西省学位办抽检 2020 年度授予的 81 篇学术硕士学位论文和 104 篇专业学位硕士学位论文，抽检结果显示，学术硕士学位论文优秀论文 4 篇（全省平均比例为 4.12%，西安电子科技大学占比 4.94%），专业硕士学位论文优秀论文 2 篇（全省平均比例为 1.39%，西安电子科技大学占比 1.92%），抽检论文的整体优秀比例高于全省平均水平，但专业硕士学位论文质量还有待提高，"存在 1 个不合格意见论文"和"存在问题论文"有 10 篇，主要问题为研究深度不够、工作量或实例单薄、书写不规范和不严谨等。2021 年，西安电子科技大学加大了研究生答辩后学位论文自我抽查评估比例，博士学位论文、硕士学位论文抽查比例达到授位人数的 51.79% 和 20.83%，抽查结果将影响学院的考核和资源配置，以此持续加强对学位授予质量的监控。

西安石油大学编制了《西安石油大学博士研究生学位论文中期检查工作规定（试行）》《西安石油大学博士研究生学位论文检测管理办法（试行）》《西安石油大学博士研究生学位论文答辩工作规定（试行）》《西安石油大学优秀博士学位论文评选及奖法（试行）》。2021 年共抽检硕士学位论文 56 篇，其中学术型硕士学位论文 18 篇，专业型硕士学位论文 38 篇。抽检结果显示，优秀0篇，良好41篇，一般13篇，优良率73.21%。通过分析近年来学校学位论文的抽检情况，当前学校学位论文主要存在"学位论文质量有待持续提高，抽检论文优秀率过低"的问题。

陕西科技大学委托教育部学位论文送审平台，对所有的博士学位论文（送5位专家）和硕士学位论文（送3位专家）进行双盲评审。2021 年，通过"教育部学位论文送审平台"送审博士学位论文59篇，硕士学位论文952篇，较2020年增长11.34%，博士盲审通过率达到96.61%，硕士盲审通过率达到98.00%。多措并举严把学位论文质量关，提升学位授予质量。在学位申请过程中，按照学术型博士、学术型硕士、专业型硕士学位授予实施细则的要求，化整为零，建立"资格申请、论文审查、双盲评审、论文答辩、审议审批"五大信息模块，将学生、导师、学院、学校纳入信息化平台，按各自任务清单即时在线上进行学位申请工作，有效杜绝各种因素影响，方便统一管理和全程监控。委托第三方平台（中国知网）对学位论文学术不端行为进行重复率检测；委托教育部学位论文送审平台，构建"环节公开、数据公开、信息直达"的服务模式。此举一是响应国家要求，接受社会监督，严肃答辩秩序；二是充分加强校内学术交流的氛围。

西安科技大学高度重视学位论文质量，在2021年全国博士学位论文抽检和陕西省硕士学位论文抽检中，西安科技大学被抽检的12篇博士学位论文和70篇硕士学位论文通过率为100%。2021年，共评选出校级优秀博士学位论文4篇、优秀硕士学位论文50篇，陕西省优秀博士学位论文2篇。但西安科技大学导师研究生教育平台建设力度有待加强，研究生分类培养模式需要进一步细化，高水平育人成果还不够多，高层次领军人才数量尚显不足。

破除唯论文倾向，建立健全学位授予分类评价体系。学校应对研究生的学位授予实施细则和相关暂行办法进行重大修订，制定多门类多元化研究成果评价机制，科学设置学位授予质量标准，树立正确政策导向。例如，陕西科技大学已修订完成《陕西科技大学硕士学术学位授予实施细则》《陕西科技大学硕士专业学位授予实施细则》等文件。学术型研究生成果评价机制主要以国内期刊论文（专利）为主，以国际期刊（专利）论文为辅，构建以科学引文数据库、北大核心、南大核心、一级学报、会议论文、专利、报纸等为参考的多类型成果评价体系。

2021年，西安体育学院共有10篇研究生论文被陕西省教育厅抽检，结果为"全部合格"。抽检有异议篇次问题主要存在于选题、研究方法、数据统计与分析等方面。西安体育学院今后要严把毕业论文质量关，不断完善学位授予制度，加强学位论文开题报告、中期考核、论文预答辩、学术不端行为检测、校外专家匿名评审、论文答辩等环节的全过程、全方位的质量监控，不断改进学位论文答辩制度。

3.就业情况

（1）硕博毕业人数。

2021年，陕西省普通高等院校毕业生共有333 228名，其中，博士研究生2 392人，硕士研究生34 859人，本科生173 607人，高职（专科）生122 370人。共涉及282个博士研究生专业，562个硕士研究生专业，319个本科专业，407个高职（专科）专业。2021年陕西省高等院校毕业生学历结构统计见表2-6。

表2-6 2021年陕西省高等院校毕业生学历结构统计表

学历	合计	比例（%）
博士	2 392	0.72
硕士	34 859	10.46
本科	173 607	52.1
高职（专科）	122 370	36.72
合计	333 228	100

（2）不同学历毕业生毕业去向落实率。

2021年，全陕西省毕业生毕业去向落实率为86.98%，其中博士研究生毕业去向落实率为83.11%，硕士研究生毕业去向落实率为91.43%，本科生毕业去向落实率为84.32%，专科生毕业去向落实率为89.56%。

（3）不同学科门类博士毕业去向落实率。

博士研究生毕业去向落实率最高的四个学科为教育学（92.00%）、农学（88.24%）、文学（86.11%）、医学（85.42%），毕业去向落实率最低的四个学科为哲学（61.9%）、艺术学（64.29%）、管理学（64.44%）、军事学（69.23%）。陕西省不同学科门类博士生毕业去向落实率统计见表2-7。

表2-7 陕西省不同学科门类博士研究生毕业去向落实率统计表

学科类型	毕业人数	已落实去向人数	毕业去向落实率（%）
历史学	30	25	83.33
文学	36	31	86.11
军事学	13	9	69.23
法学	65	52	80.00
经济学	44	34	77.27
教育学	25	23	92.00
哲学	21	13	61.9
理学	285	234	82.11
农学	153	135	88.24
工学	1 475	1 254	85.02
艺术学	14	9	64.29
医学	96	82	85.42

学科类型	毕业人数	已落实去向人数	毕业去向落实率（%）
管理学	135	87	64.44
合计	2 392	1 988	83.11

（4）不同学科门类硕士研究生毕业去向落实率。

硕士研究生中，毕业去向落实率前三位的学科有工学（96.98%）、军事学（95.24%）、经济学（93.66%），毕业去向落实率后三位的学科是艺术学（72.53%）、哲学（75.29%）、历史学（76.12%）。陕西省不同学科门类硕士研究生毕业去向落实率统计见表2-8。

表2-8　陕西省不同学科门类硕士研究生毕业去向落实率统计表

学科类型	毕业人数	已落实去向人数	毕业去向落实率（%）
理学	1 912	1 723	90.12
法学	1 857	1 419	76.41
历史学	289	220	76.12
文学	1 613	1 304	80.84
农学	1 283	1 161	90.49
医学	1 339	1 198	89.47
管理学	3 792	3 428	90.4
工学	17 911	17 370	96.98
经济学	852	798	93.66
艺术学	1 205	874	72.53
教育学	2 590	22 05	85.14
军事学	42	40	95.24
哲学	174	131	75.29
合计	34 859	31 871	91.43

（5）不同院校类型毕业生毕业去向落实率。

其他单位中，博士研究生毕业去向落实率（100%）最高；民办本科院校和独立学院中，硕士研究生毕业去向落实率（99.07%）最高；民办本科院校和独立学院中，本科生毕业去向落实率最高（87.11%）；双一流建设高校中，专科生毕业去向落实率最高（95.96%）。陕西省不同院校类型毕业生毕业去向落实率分布统计见表2-9。

表2-9 陕西省不同院校类型毕业生毕业去向落实率分布统计表

院校类型	博士研究生生			硕士研究生			本科生			专科生		
	毕业人数	落实去向人数	毕业去向落实率（%）	毕业人数	落实去向人数	毕业去向落实率（%）	毕业人数	落实去向人数	毕业去向落实率（%）	毕业人数	落实去向人数	毕业去向落实率（%）
双一流建设高校	2 081	1 727	82.99	206 73	19 449	94.08	31 815	27 099	85.18	495	475	95.96
陕西省高水平大学	296	246	83.11	11 866	10 507	88.55	47 051	39 407	83.75	3	1	33.33
公办普通本科高校	-	-	-	2 061	1 681	81.56	49 961	40 864	81.79	3 014	2 813	93.33
民办本科院校和独立院校	-	-	-	107	106	99.07	44 780	39 009	87.11	21 500	20 084	93.41
公办高职高专院校	-	-	-	-	-	-	-	-	-	81 504	73 875	90.64
民办高职院校	-	-	-	-	-	-	-	-	-	14 577	11 309	77.58
成人高等院校	-	-	-	-	-	-	-	-	-	1 277	1 037	81.21
其他	15	15	100	152	128	84.21	-	-	-			

（6）不同学科门类毕业研究生就业专业匹配度。

在毕业研究生中，就业专业匹配度前三位的学科是教育学（4.13）、医学（4.09）、法学（3.99），就业专业匹配度后三位的学科是军事学（3.13）、经济学（3.56）、农学（3.61）。陕西省毕业研究生就业专业匹配度学科门类分布见表2-10。

表2-10 陕西省毕业研究生就业专业匹配度学科门类分布

学科门类	就业专业匹配度	学科门类	就业专业匹配度
教育学	4.13	艺术学	3.70
医学	4.09	理学	3.69
法学	3.99	文学	3.63
历史学	3.98	农学	3.61
哲学	3.91	经济学	3.56
管理学	3.88	军事学	3.13
工学	3.76	总计	3.81

（7）不同学历毕业生就业行业分析

在2021届毕业生中，博士研究生在教育业就业比例最高，达到51.81%，其次是科学研究与技术服务业，达到13.58%。硕士研究生在教育业（14.88%），制造业（11.12%），科学研究与技术服务业（11.8%），信息传输、软件和信息技术服务业（18.65%）等行业的就业比例较高，均达到了10%以上。本科毕业生就业比例较高的行业有教育业（13.41%），信息传输、软件和信息技术服务业（11.2%），建筑业（9.65%），制造业（8.49%）。专科毕业生就业比例较高的行业有建筑业（10.14%）、制造业（8.84%）、教育（7.78%）、卫生和社会工作（7.54%）。2021年，陕西省不同学历毕业生就业行业统计见表2-11。

表2-11　2021年陕西省不同学历毕业生就业行业统计表

就业行业	合计		博士研究生		硕士研究生		本科生		专科生	
	人数	比例（%）	人数	比例（%）	人数	比例（%）	人数	比例（%）	人数	比例（%）
教育业	33 931	11.71	1 030	51.81	4 741	14.88	19 629	13.41	8 531	7.78
信息传输、软件和信息技术服务业	30 428	10.5	72	3.62	5 944	18.65	16 398	11.2	8 014	7.31
建筑业	26 889	9.28	14	0.7	1 639	5.14	14 123	9.65	11 113	10.14
制造业	25 719	8.87	62	3.12	3 543	11.12	12 421	8.49	9 693	8.84
批发和零售业	15 056	5.19	1	0.05	316	0.99	8 555	5.84	6 184	5.64
卫生和社会工作	14 652	5.06	77	3.87	1 102	3.46	5 209	3.56	8 264	7.54
租赁和商务服务业	10 114	3.49	1	0.05	431	1.35	5 163	3.53	4 519	4.12
交通运输、仓储和邮政业	10 076	3.48	18	0.91	504	1.58	2 285	1.56	7 269	6.63
科学研究和技术服务业	9 343	3.22	270	13.58	3 760	11.8	3 256	2.22	2 057	1.88
文化、体育和娱乐业	8 543	2.95	11	0.55	405	1.27	5 835	3.99	2 292	2.09
居民服务、修理和其他服务业	6 562	2.26	3	0.15	229	0.72	2 764	1.89	3 566	3.25
电力、热力、燃气及水生产和供应业	5 712	1.97	28	1.41	957	3	2 975	2.03	1 752	1.6
金融业	5 175	1.79	4	0.2	1 540	4.83	2 512	1.72	1 119	1.02
房地产业	4 684	1.62	0	0	641	2.01	2 246	1.53	1 797	1.64
公共管理、社会保障和社会组织	4 405	1.52	29	1.46	1 315	4.13	1 879	1.28	1 182	1.08
农、林、牧、渔业	3 758	1.3	48	2.41	442	1.39	1 696	1.16	1 572	1.43

就业行业	合计		博士研究生		硕士研究生		本科生		专科生	
	人数	比例（%）	人数	比例（%）	人数	比例（%）	人数	比例（%）	人数	比例（%）
住宿和餐饮业	3 528	1.22	0	0	28	0.09	1 334	0.91	2 166	1.98
采矿业	2 404	0.83	15	0.75	358	1.12	1 461	1	570	0.52
水利、环境和公共设施管理业	2 267	0.78	13	0.65	491	1.54	974	0.67	789	0.72
军队	822	0.28	29	1.46	70	0.22	57	0.04	666	0.61
国际组织	79	0.03	1	0.05	7	0.02	23	0.02	48	0.04
其他	65 685	22.66	262	13.18	3 408	10.69	35 584	24.31	26 431	24.12
合计	289 832	100	1988	100	31 871	100	146 379	100	109 594	100

在就业方面，毕业生们勇立时代潮头，把爱国情怀转化为报国实践，积极投身国民经济发展主战场。西安交通大学毕业生到国家重点行业、重点领域、重点单位就业的人数比例持续保持高位，达到66.73%。毕业生们勇挑历史重担，积极响应国家号召，主动到西部地区、基层一线等祖国最需要的地方建功立业。西安交通大学有超过一半的毕业生选择到中西部地区奉献自己的智慧。争做时代先锋，毕业生积极参与乡村振兴和国家治理体系及治理能力现代化的建设，以青春之我为民族复兴铺路架桥，各省市选调生及公务员录取人数再创新高。西安交通大学人才培养质量高，毕业生所体现出的扎实专业知识、良好创新能力及就业竞争力受到用人单位及社会的高度肯定，研究生整体去向落实率达99.54%。抽样调查了2 998家用人单位，结果显示，用人单位对西安交通大学毕业生的工作表现总体满意度高达99.97%。在分别从专业基础知识、解决复杂问题能力、创新能力、主动学习能力等13个维度进行的调研中，用人单位对西安交通大学毕业生的各项表现满意度均在99.73%以上。研究生毕业主要去向是升学和就业。由于大部分硕士研究生在低年级就转为博士研究生，因此毕业后升学的人数较少。2021年，西安交通大学硕士研究生升学人数为209人，比例为5.29%。博士研究生出国留学人数为32人，比例为3.80%。升学的学生中有113人出国出境，他们主要集中在亚洲、

欧洲、北美洲、大洋洲。出国出境的学生中，到QS世界大学排名（QS World University Rankings）前100名院校深造的毕业生有62人，占出国出境人数的54.87%。硕士研究生就业以到企业为主，比例达70.43%。博士研究生就业以到教育单位为主，比例达45.36%。西安交通大学毕业生传承和弘扬西迁精神，与祖国同呼吸共命运，2021届研究生中有73.36%的博士、54.94%的硕士选择到中西部为民族复兴奉献自己的青春和力量。西安交通大学毕业生流向较多的省（直辖市）有陕西省、广东省、北京市、上海市、江苏省和浙江省等。

根据第三方数据调查公司调查，长安大学2021届毕业研究生学用匹配度居于高位，专业相关度为91.30%，目前所从事的工作与自身职业期待的吻合度为94.25%，对所从事工作岗位的胜任度为99.16%，职业能力满足度为97.62%。毕业生初入职场的岗位和工作内容与自身职业期待吻合度较高，实现了满意就业。长安大学2021届毕业研究生对目前工作总的满意度达95.93%，其中对人际关系、工作内容、工作环境的满意度相对较高，分别为97.76%、94.67%和96%。根据用人单位对长安大学毕业生的评价调查，99.05%的受访用人单位均对毕业生的工作表现感到很满意或比较满意。用人单位认为，长安大学毕业生自身综合素质及职业技能与目前工作需求相匹配，充分说明学校毕业生能力素质水平能够胜任目前工作岗位的要求，实现了供需畅通对接。

第三章

研究生教育的重要性

一、研究生教育是培养高层次创新人才的重要途径

中国需要更多的研究生。党的十八大以来，党中央高度重视创新人才培养。习近平总书记指出："创新是一个民族进步的灵魂，是国家兴旺发达的不竭动力，也是中华民族最深沉的民族禀赋。"在新的历史条件下，要实现中国梦的宏伟目标，必须建设一支宏大的高层次人才队伍。人才战略是关乎国家兴衰存亡、民族复兴大计的战略问题。我国研究生教育肩负着培养高层次创新人才，提升自主创新能力，加快建设科技强国和人力资源强国的历史重任。研究生教育是培养高层次创新人才的重要途径，也是衡量一个国家高等教育水平的重要标志。当前，中国高等院校研究生教育发展迅速，已成为高层次人才培养的重要基地，为国家科技进步、经济社会发展和创新体系建设做出了巨大贡献。但从总体上看，与世界一流大学相比，中国高等院校研究生教育的整体水平与国家需要还存在一定差距。

二、研究生教育是中国科技创新的原动力

"创新驱动发展战略"的提出，为我国科技教育提出了更高的要求，也给我国的科技创新提供了一个新的机遇和发展空间。从根本上看，创新驱动就是需要创新型人才。而在世界范围内来看，中国的创新型人才相对比较

少，所以研究生教育具有重要的意义。

国家发展到一定阶段后，对高层次应用型创新人才的需求会越来越大，而我国研究生招生规模一直处于上升状态。研究生教育是高等教育大众化后培养高层次应用型人才的有效途径。当前，以中国特色社会主义新时代为特征，以习近平新时代中国特色社会主义思想为指引，社会和各行各业都需要更多的高层次应用型人才。

研究生教育的目的是培养具有创新精神、掌握创新技能、具备创造能力和综合素质的高级专门人才，主要是为了满足我国经济社会发展的需要。随着我国经济实力不断增强和社会结构不断变化，特别是经济社会从工业型向服务型的转变，对创新型人才的要求也在变化，即要求他们不仅要有理论知识储备，更要具备技术应用能力以及创造能力。另外，随着科技的不断进步、新材料等的应用，社会对高层次创新人才的需求会越来越多。

我国当前迫切需要培养大批创新型人才，以满足经济社会发展和科技创新的需求。在全球化背景下，研究生培养工作要关注全球，关注本土，关注国际，同时兼顾国内需求。我国教育事业的不断发展对研究生培养提出了更高的要求。这就要求研究生不仅要有扎实的专业知识，还要具有国际化的视野和能力。而我国现有研究生培养模式显然无法满足经济社会发展和科技创新的需求。因此，我国研究生培养模式迫切需要进行改革，以提升我国研究生培养质量。

三、研究生教育对建设创新型国家和人力资源强国具有重要战略意义

研究生教育是建设创新型国家的重要基础，是实现人才强国战略目标的基石。从历史发展来看，我国研究生教育在高等教育体系中占有重要地位，为建设创新型国家提供了重要人才支撑。研究生教育发展的好坏直接影响到国家科技创新能力和科技竞争力的高低，而研究生教育质量是研究生培养质量的核心。研究生教育是促进工业结构调整升级，支撑经济社会可持续发展

的关键因素。随着我国经济社会的快速发展，工业化进程的加快，以及知识经济时代、信息经济时代的到来，以高端创新人才培养为主要内容的研究生教育对产业结构调整升级、支撑经济社会可持续发展具有重大战略意义。

四、要解决我国目前研究生数量和质量与社会需求之间的矛盾，还有很长的路要走

我国研究生教育规模快速扩大，研究生培养质量不高或质量与社会需求还存在差距。目前，这在很大程度上影响了我国科技创新和人才培养的进程不相适应的问题，因此必须建立健全研究生培养质量保障体系。这是我国高等教育发展的一个重大课题，需要国家加大对研究生教育的投入，需要政府、社会和高校共同努力。近年来，我国对研究生教育越来越重视，研究生招生规模不断扩大。2015年6月，国务院发布了《关于加快发展现代职业教育的决定》，明确提出要"大力培养职业技能人才"。为了落实国务院学位委员会和教育部文件精神，2017年11月2日，教育部学位管理与研究生教育司在北京组织召开了"全国博士研究生教育工作会议"和"全国硕士研究生教育工作会议"。会议旨在深入贯彻党的十九大和全国教育大会精神，落实全国学位委员会、教育部关于建设世界一流大学和一流学科的总体要求，总结经验、交流情况、表彰先进；明确方向、部署任务和推动工作；通过改革创新进一步提高高等教育质量、培养更多高层次人才，为国家创新驱动发展战略提供智力支持；加强高校师资队伍建设，促进高校教学科研水平的提高；完善现代大学制度建设和人才培养机制。

五、只有坚持以问题为导向的改革创新，才能确保研究生教育健康发展

目前，我国研究生教育在培养模式、课程体系设计、实践环节等方面都还存在一些问题。这些问题是制约我国研究生教育发展和科技创新的瓶颈，必须下大力气解决。只有不断解决这些问题，才能促进研究生教育发展走向

健康之路。当前，世界经济、科技竞争日趋激烈，科技创新成为提升综合国力的重要手段，也对人才提出了新的要求。这就要求高等教育培养出来的高层次创新型人才必须有强烈的问题意识和忧患意识，要善于从世界范围内把握发展趋势和动向。在新技术、新业态、新兴学科等方面加强研究，提出对策性建议；在理论与实践、教育与创新等方面加强研究；在科学研究中善于发现问题、分析问题，并将研究成果转化为生产力创造价值。只有这样，高等教育培养出的研究生才能成为"有思想的科学家""高层次的专家""有价值的研究者"以及对社会发展有用的人才。

要创新培养模式和评价机制。近年来，部分高校根据国家创新驱动发展战略要求，积极推进改革创新、机制转变，进一步深化"以本为本"研究生培养模式改革，将论文选题与导师岗位职责相联系，将项目实施与成果评价相结合，把学科导向和就业导向结合起来，构建了体现学科特色和人才培养要求的多元化人才质量保障体系。

六、建立导师责任制对于深化研究生教育改革与发展具有重要意义

可以说导师责任制是当前推动整个研究生教育改革与发展的重要力量。研究生教育改革在某种意义上可以推动优秀师资队伍的建设，两者相辅相成。导师责任制是一种非常重要的研究生培养模式，其在研究生培养工作中发挥着非常重要的作用，也体现了国家和社会对研究生教育的重视，同时也体现了国家对人才的重视。目前，我国已经有相当一部分高校实行了导师责任制，并取得了很好的效果。

七、我们需要努力培养具有国际视野、创新能力及国际化能力的优秀人才

国际视野是指了解世界，具有国际眼光。创新能力是指掌握知识的能力，也就是创造力。国际化能力则是指具有在国际范围内发挥自己的作用，

推动本国科技进步的创新能力。这三种能力对于高层次人才来说都非常重要，只有具备了这三种能力，才能更好地建设国家。因此，高等教育要培养高层次人才，首先就要培养具有国际视野、创新能力、国际化能力的创新型人才。高等教育需要培养具有国际化视野的高素质人才，这就要求高校不断地创新，不断地在实践中去探索，形成自己的创新能力。

八、我国需要加强学科建设来提升自主创新能力

一个国家或一个地区的经济社会发展，离不开人才的支撑和推动。在培养人才的过程中，又离不开学科建设。学科建设是一个国家或地区发展的基础，它直接关系到社会进步的速度。只有学科建设才能为人才培养提供必要的知识和技能，才能培养出优秀的人才。因此，学科建设是人才培养的前提、基础和条件，自主创新能力是社会进步的必然要求，是社会发展对人才提出的要求，也是国家经济社会快速发展对人才提出的根本要求。

第四章

陕西省研究生教育发展的现存问题

一、招生问题

生源质量结构不均衡，有待改善提升，各学科、专业生源分布不均衡，需吸引优质生源；进一步加强生源质量，优化生源结构，招生宣传力度不强、宣传方式不够吸引人，需加强宣传，吸引优质生源。

1.各高校目前招生人数不均衡

即使是同一高校同一学科的不同年级，最后的招生结果或招生质量也不一样。但是一所高校的生源数量与生源质量往往会对高校的科研及学术发展起到重大作用，因此要重视招生问题并改进，尽力解决招生问题。

目前，高校在招生过程中主要存在以下问题。其一，高校的招生规模目前相对稳定，相比于"985工程""211工程"等重点高校，部分普通或省属高校往往招生来源更为丰富，但是生源质量却相对较低，并且大多数的生源主要依靠调剂。其二，目前，大多数省属院校的招生计划是以二级学院为单位进行分配的，这种分配模式有一定的弊端，即学院与招生单位没有进行充分沟通，可能会导致当年录取出现偏差，如没有能够抓住优秀生源、生源质量较低、专业人数比例失衡、招录人数不满等。其三，高校研究生教育总体规划不到位，部分高校在研究生招生过程中只在最开始的招生计划的完成过程中起到重要的作用。具体来说，高校对于招生的整个过程都应该积极地参与，评估自身学科特点，结合目前的发展情况，对招生工作进行合理规划。

2.一志愿报考率低

一志愿报考人数不足一直是困扰省属高校招生工作的问题，除部分重点高校之外，一志愿考生数量一直制约着省属高校各学位点的发展。出现这个问题主要有以下原因。其一，部分院校的学位点发展状况、师资条件和知名度无法对学生产生强大的吸引力，学生往往不愿意选择来到此类院校[1]，宁愿选择高于自身能力的部分高校。其二，部分高校各学院所制定的新生入学奖励（如奖学金或助学金）往往金额较低或者比例较小，无法对学生产生较大的吸引力。部分学生在就读研究生时，往往抱着一种焦虑的心态，而此类低额奖助学金更会使他们降低来到此类院校的意愿。其三，招生工作宣传不到位。部分学生在报考学校时并不知道还有部分院校的存在，一是因为知名度较低，二是招生工作做得不够。其四，在校研究生对高校的认同程度不高。当前高校研究生和本科生对研究生学历的认同程度将直接影响到下一批本科生的报考意愿，从而对高校的招生工作产生一定影响。

3.未充分利用调整政策

对省级院校来说，研究生招生改革既是一个挑战，也是一个机会，因为一志愿的低录取率将极大地影响到招生计划的顺利实施，但通过调整生源，可以在一定程度上有效地保障生源质量。当前，全陕西省高校在调整阶段更多地关注于招生计划的落实，而没有充分运用复试淘汰机制来选择优秀生源。

4.生源质量还需要进一步完善

对近年来部分普通高校毕业生的组成情况进行了分析后，发现本校生源占比均低于50%，外校本科占比在40%左右，专科和独立院校占比达到了10%以上，生源质量整体水平较低。生源质量偏低的原因是本校生源比例偏低，专业、独立学院学生比例偏高。由此可见，省属院校的生源质量并不算优质。

---

① 王卓，吴鲁阳.学位授权点合格评估背景下省属高校研究生招生现状分析及策略研究：以陕西科技大学为例[J].教育教学论坛，2018（31）：49-51.

二、思政建设

对学生进行思政教育的终极目标是引导学生树立正确的政治取向，同时具有良好的人格素质和良好的心理素质。对我国的教育事业而言，研究生教育是培养高素质人才的重要途径，要从思想政治上把握全局，培育一支具有鲜明政治立场、良好思想品德，同时遵纪守法的创新型人才队伍。只有这样，我国才能在激烈的全球竞争中占据有利位置。然而，我国的研究生教育却存在着许多问题急需解决。

1.教学效果不佳

学生的思政课教学不能简单地进行理论教学，而是要把理论和实践有机地结合起来，使学生在实践中得到有效的指导。只有这样，理论才能真正派上用场。据调查，大多数研究生在日常生活中对思政课重视程度不足，导致对思政课的课程定位存在偏差，对思政课的重要性认知不佳，从来只是纸上谈兵，没有想到把在思政课上学到的知识运用到现实生活中，进而解决现实生活中的问题。

2.教学方法有待创新

在实际教学中，部分教师只是照着课本讲课，在课堂上，教师就是主要的教育者，再加上时间有限，所以教学进度也比较快。在思政课的教学过程中，存在仅使用演示法、谈话法、讲授法等使得教学方法略显单一的问题，在这个过程中，很难发挥学生的主观能动性，因此有以下的缺陷。其一，教师未能调动学生的主观能动性与积极参与性，也就是说，学生并没有真正地参与到实际的教学活动中。其二，没有调动学生进行思考，教师往往只是照着课本传递知识，完成教学任务。造成此类现象的原因有两个方面。其一，受到教材的限制，教师既要将教材的内容和思想积极传递给学生，又要调动学生的主观能动性，这个过程非常复杂。其二，高校科研或其他任务挤压了教师的教学时间，导致教师备课时间较短，没有时间和精力改善这些现象。

3.逃课现象严重

思政课课堂上学生数量往往较多，教师无法顾及每一位学生，再加上学生对思政课重视程度不够，因此，思政课的逃课现象较为严重，已经影响到了教学效果和相应的师生互动。

4.将思政课与思想道德教育混为一谈

思政课是思想道德教育的载体，但并不是唯一的途径。思想道德教育往往可以通过思政课渗透，但是将思政课一味地等同于思想道德教育，则是将思想道德教育的内涵变得狭隘了，也不利于真正落实思想道德教育。在其他的专业课或通识教育课中，也可以对学生进行思想政治道德教育。

三、学科建设

学科的基础建设还需要进一步加强，同时也要提高科研服务地方经济和社会发展的水平。部分高校高水平平台还比较缺乏，国家级重点实验室、工程实验中心仍然不够，急需大型高精尖仪器，科研环境亟待改善，承接重大科研项目、产出重要科研成果、实现重大技术转移的能力需不断提升，科研成果转化的体量和质量都需进一步提高，服务区域经济社会发展的能力也有待继续增强。

学科专业结构布局要进行优化。各高校要加强学科专业发展的顶层设计和统筹管理，建立健全学科专业动态调整机制，提升学科专业与产业的契合度。优先支持支撑国家发展与安全、科技创新、现代产业体系建设、交通强国、乡村振兴、绿色循环、数字化中国等国家战略和区域发展需求的学科布局，对传统专业进行升级改造，淘汰部分不能满足社会需要的专业。加强对革命老区重点高校的支持，支持其重点学科和重点实验室的建设。继续增加博士、硕士学位授予单位和学位授权点。加强基础学科建设，扶持冷门学科，做强应用学科，积极发展新兴交叉学科，探索建立学科分类发展机制。设立若干省级交叉学科中心，积极争取国家级前沿学科中心，培育新的学科增长点。持续加强优势传统学科建设，围绕以周秦汉唐为表征的中华优秀传统文化、以延安精神为代表的革命文化和"一带一路"中外文化等，进一步构建特色鲜明、优势突出的哲学社会科学学科体系、学术体系、话语体系和教材体系，健全紧缺急需学科专业的引导机制。动态优化高校布局结构，健全省部、省市共建模式，推动符合条件的高校按设置程序更名。鼓励高校组建大学联盟（共同体），完善高校对口帮扶长效机制，探索省企共建、行业共建模式，推动高校共建共享、集群发展。

以本为本提升本科质量。聚焦高校优势学科专业，围绕陕西重点产业领域，以"六卓越一拔尖"计划2.0为引领，大力支持新工科、新文科、新农科、新医科建设，加快培养理工农医类专业紧缺人才。实施一流专业、一流课程"双万计划"，建设5种省级"金课"，包括线上、线下混合课程。遴选出一批国家级教学能手，遴选出一批省级精品教材，以一流的专业、一流的课程、一流的成果，建设一流的大学。

要健全大学本科教学评价体系，对新建本科教学质量进行评审和评价。组织好"互联网+"中国大学生创新创业大赛，打造"中国青年红色梦想之旅"品牌。

"双一流"建设要做得更好。坚持"一流大学""一流学科"的建设，加强"双一流"建设的实施效果评估和支撑体系，指导高校把重点领域、学科前沿放在首位，推动人才培养方式的创新；构建和完善"双一流"体制机制；要健全高校分类发展的政策制度。

支持在陕部属院校跟进国家战略做强做大，支持省属高水平大学服务区域经济社会发展做优做特，支持新建本科院校提高质量、扩大数量，从而加快应用型高校转型发展，引导不同类型高校各安其位、各展所长，办出特色、争创一流。

李克强总理于2021年7月19日考察国家自然科学基金工作会议时表示："我们的基础研究还不厚，原创性不高，基础研究和原始创新应摆在关键地位。"他还表示："我们到了要大声疾呼加强基础研究的关键时刻。"

在"双一流"建设中，基础学科担负着振兴国家基础科研、培养优秀基础科研人才的历史使命。基础学科要充分发挥自身的优势与特点，将"学科创新"与"教育创新"相结合，激发"内生动力"，激发学科的生命力。

四、产教融合

随着经济的发展，人才的供求关系也在不断地发生深刻的变革。首先，工业的快速发展，使我国的经济结构发生了深刻的变化，这就需要高校改变对人才的培养方式。其次，全面推行以创新为主导的发展战略，促进了整个社会的文化变迁，并对现行的教育体制形成了一定的挑战。最后，由于高等教育的同质化，我国人才的素质和结构不能满足经济发展、产业升级的需要。尤其是在"中国制造2025""大众创业、万众创新""'一带一路'倡议""互联网+"等国家重要战略需要的基础上，还没有建立起相应的人才培养体系。

这表明，当前我国的高等教育正处于一个艰难的时期。为此，中共中央印发了《关于深化人才发展体制机制改革的意见》，提出以"产教融合、校企合作"为核心的人才培养模式，并明确指出，人才与社会的全面发展相结合，以科学规划为基础，以改革促进人才规模、质量、结构与经济社会发展相适应和协调，使人才与社会的全面发展相结合。事实上，在党的十九大以前，全国多个教育部门都明确提出了要实行"产教融合、校企合作"的政策，尤其是在高职教育的改革与发展方面，更要以"产教融合、校企合作"为核心。

目前，陕西省研究生创新能力较低，原创性成果转化率较低，高质量毕业论文或学术论文数量较少，科研实践参与度较低，创新思维和能力还需进一步加强，同校对于人才的培养也要进一步加强。另外，校企合作并不深入，实习生培养质量较低。

1.产教双方融合的全域性存在着不足

产教双方往往对全域性的认识不足，产教双方的合作往往是建立在高校需要转型以及产业需要转型的基础之上的，两者不仅是校企合作，还需要培养高精尖的人才，完成学校的任务以及满足产业变革的需要。在理论的指导下，学生往往实践能力不高，因此需要进行产教融合、校企合作，给予学生锻炼和实践的机会，但是目前产教双方还存在许多问题。

例如：一些高校将自己的工作重点放在了获取特定的技术项目、经费等方面，这就偏离了初衷，忽略了人才培养；有的高校将实践性教学与培养应用型人才相联系，认为应用型人才的培养就是要加强实践性教学，从而大大提高实践性课程的比重。从现实来看，部分院校尽管已经把自身定位为"应用型"，但与"产教融合"的实际情况还有一定差距，而且存在趋同性，培养特色仍然不够突出。

2.产教双方对融合的复杂性认识不够深刻

产教双方对于融合的复杂性认识不高，部分高校认为产教融合就是给学生提供相应的锻炼机会。但是不同的学科和学科群之间的融合度及融合的方式都是不同的，两者往往都是以单一的方式或单一的思维进行融合，容易在整个过程中造成各自为营的情况。学校希望能够以自我为主，为学生提供各种锻炼的机会，而企业则希望获得更多的劳动力，引进更多的人才，从而实现更高的企业效益。

产教融合的生成性与复杂性给转型期高校的人才培养带来了深远的影响：第一，它能协调学校教育的公益性与营利性的冲突，激发企业在培养应用型人才过程中的主体性；第二，它对地方经济的发展起到了指导作用，对转型期的高校人才观念产生了深远的影响，从而真正推动教育发展。

五、课程建设

第一，教学目的不合理。为了适应快速发展的社会，制定的课程目标既要符合人才培养标准，又要兼顾社会的要求。从这一角度考察目前的硕士课程培养目标，可以看出，目前硕士研究生的培养目标往往只有一个。在这样的单向性培养目标中，绝大多数高校都是以"学科的内在属性"为起点的，而在此基础上，课程设置的目的就比较死板，培养出的研究生知识结构不够优化，专业技能也较为单一，只能在某一单一学科领域发展，无法满足现代社会的需要。虽然各高校一直在努力地设置通识课程，力图改变这种状况，但是培养的人才依然很难适应现代化的需求，而且专业的狭窄也使得学生的技能单一，无法解决综合性问题。因此，在设置课程目标时，不仅要考虑促进学生个人能力的培养，也要考虑适应社会的需求与发展。

第二，无论是学术型硕士研究生还是专业型硕士研究生，实践型课程都不够，跨学科课程或者跨学科学习内容都较单薄甚至没有，而且前沿的科研成果未能渗透入课程内容与课程教学中。这种单薄或单维度的课程内容是无法适应社会的需求的，也无法适应学生的发展，因此，课程必须要加入科研前沿内容或者是符合时代发展的内容。只有将此类课程内容落到实处，才能真正培养出复合型人才和创新型人才，从而为社会做出贡献。

第三，课程教学方法太过单一。教学方法有讲授法、讨论法、实践法、启发法等，但在实际的教学过程中，大多教师往往只是采用了讲授法，忽略了对学生的启发。研究生作为创新型人才的后备军，对他们思维的培养应更重于知识灌输，要培养他们的跨学科能力、逻辑思维能力、批判思维能力，而单纯使用讲授法是无法培养这些能力的。

第四，课程效能整合的力量不够。在硕士研究生的教学计划中，虽然有一定数量的课程，但其内在的连贯性和交叉生成性还有所欠缺，因此在实施过程中出现了"盲区"。课程的统整性能够促进学生跨学科素养的培养，但是"如何实施？怎么实施？在哪些课程可以实施？"这些问题依旧没有一个具体的解决方法，需要高校不断探讨。

六、师资队伍建设

师资队伍结构有待进一步优化。各学科师资队伍结构分布还不够合理，如西安石油大学，部分石油、地质、化工等主干学科的教师数量与石油行业院校相比，相对不足，二、三级教授增长速度较同类高校相对较低，院士、国家教学名师、杰出（优秀）青年科学基金获得者仍然空白，主干学科带头人在行业、学会、区域的影响力不够，高层次人才队伍和高水平学术团体需要进一步加强。

目前，从整体来看，陕西省教育师资力量的缺乏使得部分专业并没有发展出与自身地位相匹配的能力与发展潜力，部分新兴产业和新兴学科也需要具有较高能力的师资，但是目前由于学校数量较多、开设专业较多，未能有相匹配的教师数量与质量。主要表现在以下两个方面。第一，教师的数量远远不够，部分高校可能出现一名教师带许多学生，教师无暇顾及每一位学生。第二，教师的质量不够，不同层次的高校所引进的教师往往质量不一，而学科点的发展往往需要优质的师资力量。如何引进高精尖人才以及培养高层次的学术队伍和学术团体，是目前师资队伍建设需要解决的问题。

七、知识结构

目前，研究生知识结构的培养存在一些问题，具体如下。

1.学科设置不合理

缺乏交叉学科。学科设置是指高校在确定教学计划和安排教育内容时，按一定的逻辑进行科学的分析研究，确定学科性质、任务、课程及其内容的设置。这是对原有学科进行分类的一种形式。在现代社会中，各个学科之间具有交叉融合的发展趋势。目前，我国高等教育已经基本形成了相对完整的体系，研究生教育也随之形成了比较完整的规模。但从整体上看，我国目前研究生教育依然存在着一定程度的学科交叉和专业交叉不足的问题。我国目前的研究生教育主要集中在四个领域：一是应用类学科，如计算机科学、信息与通信工程、控制科学与工程等；二是科技类学科，包括物理学、化学等；三是人文社会科学类学科，如历史地理、文学等；四是工程类学科。从这四个领域来看，我国大部分高校都开设了应用学位研究生教育的培养专业类型。另外，设置交叉学科学位硕士专业的高校也越来越多。总的来说，我国目前所开设的专业门类虽然齐全，但交叉专业学位研究生教育的培养专业类型还不够。

2.师资力量薄弱，结构不合理

研究生教育以培养学术型、研究型人才为目标，以高层次人才的脱颖而出为目标。师资队伍是研究生教育的核心，也是最重要的因素之一。我国高校的师资力量相对薄弱，很多高校在进行教师招聘时，往往招一些硕士研究生或博士研究生，而这些硕士研究生或博士研究生大都集中于一些工科院校和综合性院校，如清华大学、北京大学、复旦大学等。一些综合性院校的新聘教师一般都只具有一年以上教学经验，他们主要承担专业课教学以及科研工作，而理工科院校的新聘教师一般都是只有一年以上基础学科、工程技术等方面的教学和科研工作经验，因此这些教师的教学和科研水平不够高。这就导致了我国高校在培养层次较高的研究生方面存在一定缺陷。

3.课程结构过于简单

在研究生课程体系中，各学科的基础课和专业课往往有一定交叉现象，如化学基础课与数学基础课交叉、物理学与生物学等学科交叉、化学理论与计算机技术相交叉等，这种课程设置往往对研究生研究能力、实践能力的培养起到积极的促进作用。但目前这种学科交叉课程设置得比较浅显，这就导致研究生课程结构过于简单，难以适应目前学科的发展。

在研究生学位课的设置方面也存在着一些问题。许多学位课主要讲授专业基础知识、方法及技能，但一些学科课程却缺乏相应的知识体系。另外，在学位课教学过程中，缺乏启发式教学，学生学习兴趣不高。这就使教师在教学上受到极大压力，不得不用增加课时或使用多媒体技术的方式完成教学。

除此之外，教材也存在一定问题。教材是教师教学、学生学习并进一步提高学习效果的主要媒介和载体。但在我国许多高校中却存在教材陈旧、更新缓慢、质量不高等问题。

因此，从研究生培养的角度来看，教材陈旧、更新缓慢、质量不高是造成学科交叉不充分、理论研究成果不丰富的重要原因之一。如果教材质量不高，学生只能被动接受，这样很难激发学生的学习兴趣和动机。从这个意义上来说，必须对目前研究生培养中普遍存在的问题进行深入分析和思考，并寻求相应的解决途径。

八、就业问题

2021年，陕西省共有高校毕业生333 228人，比2020年增加0.2万人，其中高职（专科）生122 370人，占比36.72%；本科生173 607人，占比52.10%；硕士研究生34 859人，占比10.46%；博士研究生2 392人，占比0.72%。经教育部审核，全省高校毕业生初次去向落实率为86.98%，其中高职（专科）毕业生去向落实率为89.56%，本科毕业生去向落实率为84.32%，硕士研究生去向落实率为91.43%，博士研究生去向落实率为83.11%。就业率整体呈现良好态势。

根据对教育部高校毕业生就业监测系统数据和办理就业报到证过程中有关情况进行分析发现，陕西省2021届高校毕业生就业呈现如下特征。

从生源分布看，陕西籍生源毕业生最多，有223 430人，占毕业生总数的67.05%，就业人数也最多，有195 260人，占已就业毕业生总数的67.37%。陕西籍生源毕业生去向落实率为87.39%，比总体去向落实率高0.41个百分点。整体的生源构成体现了陕西省高校对本土学生有着较大的吸引力。

从就业地域分布看，有168 583名毕业生在西部就业，占已就业毕业生总数的74%，比2020年高3.1个百分点。其中在陕就业149 647人，占已就业毕业生总数的65.66%，较2020年高2.9个百分点。除陕西省外，高校毕业生就业比例较高的省份分别为广东省（4.37%）、浙江省（3.31%）、江苏省（3.08%）。

由此可以看出，毕业生往往倾向于去祖国需要的地方就业，只有较少一部分学生选择了沿海地区。

从就业行业分布看，在教育行业就业的毕业生最多，有33 931人，占已就业毕业生总数的15.14%；在信息传输、软件和信息技术服务业就业的有30 428人，占13.57%；在建筑业就业的有26 889人，占12%；在制造业就业的有25 719人，占11.47%。

从就业岗位分布看，在"工程技术人员"岗位就业的毕业生最多，有40 612人，占已就业毕业生总数的17.23%；在"其他专业技术人员"岗位就业的有29 547人，占12.53%；在"教学人员"岗位就业的有28 901人，占12.26%。

从就业单位性质看，在中小微企业就业的毕业生最多，有136 647人，占已就业毕业生总数的61.29%；在国有企业就业的有39 972人，占17.93%；在中初教育单位就业的有12 194人，占5.47%；在医疗卫生单位就业的有10 323人，占4.63%。

从毕业生性别看，男性毕业生为162 152人，占毕业生总数的48.66%，去向落实率为88.47%；女性毕业生为171 076人，占毕业生总数的51.34%，去向落实率为85.56%。男性毕业生去向落实率比女性毕业生高2.91个百分点，但是总体上并未有太大差距。

总体来看，2021年陕西省高校毕业生就业情况好于2020年，主要呈现以下几个特点：一是引导毕业生赴西部地区就业成效突显，二是中小微企业是吸纳毕业生就业的主渠道，三是工学类毕业生就业更受到用人单位青睐，四是推动各项稳就业政策向应届毕业生倾斜的效果显著。

第五章

陕西省研究生教育发展的机遇与挑战

一、国家教育战略的实施为研究生规模建设奠定坚实基础

《中国教育现代化2035》提出了"振兴中西部高等教育",突出了对中西部高校的扶持与政策。《加快推进教育现代化实施方案（2018—2022年》按照2035年的教育发展目标,提出了今后几年的教育现代化工作。

陕西省是我国经济增长的主要地区,应通过不断提高高等教育发展水平、合理扩大建设规模的方式,增强高校支持创新驱动的能力、提高毕业生整体素质、提高办学效益、推动高校跨越发展。

二、社会的需求和经济的快速发展为研究生教育提供经济基础

"十四五"是我国从全面建成小康社会到社会主义现代化的关键阶段,是两个一百年奋斗目标的历史交汇期,是全面开启社会主义现代化国家建设新征程的重要机遇期。目前,我国经济实力、科技实力、国防实力都处于世界前列,经济结构优化、经济增长动力转换等方面也处于重要地位。

2019年,国内生产总值达到近100万亿元的规模,人均 GDP首次超过10 000美元。我国已实现了全面小康,实现了历史性的飞跃。我国正在加快健全多层次的社会保障制度,健全人民生活保障网络。与此同时,全球技术创新进入了前所未有的高度活跃阶段,技术和工业的变革正在重塑全球创新

格局和全球经济格局。

科学技术在促进生产力发展、提高劳动生产率方面起着举足轻重的作用，也在促进各种社会工作中发挥着举足轻重的作用。新技术、新材料的更新换代速度显著加快，新技术、新技术创新能力、系统集成能力已成为决定全球产业分工层次、决定全球经济格局、决定世界政治格局的重要因素。因此，高校要立足于我国国情，把握好发展的关键点，把重点放在解决发展不均衡和不充分的问题上，坚决推进公平而有质量的发展，努力办好人民满意的教育事业。

高等教育发展的结果最终要看经济社会为高等教育的发展提供的人力资源、物力资源、财力资源。地区经济的稳定发展是保障高等教育进步的重要条件，各个高校内部能否优化并调整人才培养结构，很大程度上取决于该地区的经济状况和政府的支持力度。

三、学生数量为陕西省研究生教育提供广阔的发展空间

研究生教育规模持续扩大，社会需求旺盛稳定。"十二五"期间，我国研究生教育的规模延续了长期以来的扩张态势，研究生招生数、在校生数均稳步增长。其中，研究生招生数从 2011 年的56.02万人增长到2014年的62.13万人，年平均增长率为 3.53%；研究生在校生数则从 2011 年的164.58 万人增长到 2014 年的 184.77 万人，年平均增长率为3.93%。从研究生入学考试的报名录取情况看，社会对于研究生教育的需求旺盛，且有逐渐趋于平稳的态势，而"十三五"期间根据教育部官网所发布的历年考研的报考人数以及录取人数的官方信息来看，我国硕士研究生的报考人数以及录取人数逐年增多，录取人数于2021年正式突破百万大关，见表5-1。从数量上看，硕士研究生已经成为社会不可忽视的群体。在当前教育普及化以及"十四五"建设的背景下，近几年硕士研究生的报考人数和录取人数依然会保持缓慢递增的趋势。从研究生教育的出口（即毕业研究生的就业情况）看，社会对于研究生教育的吸纳能力也趋于稳定。近年来，一项针对21个省份30所高校的调查

研究显示，硕士研究生、博士研究生的就业率约为86.2%，而本科、专科毕业生的就业率分别为67.4%与79.7%。硕士研究生、博士研究生的月薪也远高于本科、专科毕业生。"十三五"期间我国研究生教育的总体规模也在稳步扩大。我国研究生教育的结构也逐渐趋于合理，主要体现在专业学位研究生教育的快速发展上。从增量上看，专业学位研究生招生人数迅速上升，学术学位研究生招生人数则缓慢下降；从存量上看，专业学位研究生在校生人数上升明显，四年来几乎翻了一倍。

表5-1   全国硕士研究生录取情况

年份	2018	2019	2020	2021	2022
报考人数	238万	290万	341万	377万	457万
录取人数	76.25万	81.13万	99.05万	111.4万	110.7万

四、"十四五"建设为研究生教育发展带来新契机

"十四五"是陕西省全面启动社会主义现代化新征程的头五年，是奋力谱写陕西高质量发展新篇章、实现教育现代化的重要阶段，因此，陕西省教育面临着前所未有的新形势、新机遇和新要求。

从发展环境来看，新技术与产业转型不断深化，国内大循环、国内国际双循环格局正在加快形成，国家、地区、行业企业之间的竞争日益成为人才与技术之间的较量。随着我国科教兴国、人才强国、科技强国、文化强国、体育强国、健康中国等的全面推进，教育在我国经济社会发展中的地位日益关键。陕西省作为我国高等教育的重要基地，服务国家重大战略需求，解决关键"卡脖子"问题，迫切需要教育在更大范围、更宽领域、更深层次加强协同创新，不断拓展服务领域，打造中西部地区的教育增长极。

从陕西省的大局来看，陕西省正面对奋力书写高质量发展的新篇章、"一带一路"倡议、新时代推进西部大开发新格局、黄河生态保护与高质量发展、新时代振兴中西部高等教育等重大战略机遇，迫切需要挖掘、利用、滋养陕西省的优势科研教学资源，塑造新的发展优势。随着我国经济和社会的迅速发展，人们对优质、公正的教育需求越来越大，对教育的供给也越来

越迫切。

从教育的角度来看，世界教育正在发生巨大的变化，人工智能和"互联网+"对教育资源的优化配置产生了深远的影响，教育教学方式发生了深刻的变化，教育和社会的融合进一步加强，促进了人的全面发展，全民学习、终身学习的理念更加深入人心，教育多样化、多元化需求持续增加，

教育治理呈现多方合作、广泛参与的特征，亟待深化教育供给侧结构性改革，需要学习借鉴新理念、新举措，围绕建设高质量教育体系，走出一条教育治理体系和治理能力现代化、教育资源优质化、教育模式多样化的教育现代化道路。

陕西省应加强基础和基础研究的投资，支持基础科学研究院的建设。加强科学创新，加快建设创新平台，建立陕西大学工程中心，推动协同创新中心、新型智库、哲学社科基地等的建设，支持高校建设大科学装置集群、国家和省级重点实验室，支持高水平科技自立自强。高校要充分利用高校的文化创造力，为文化强省提供支撑。高校也应加强与地方政府、企业、科研机构的深度合作，推动"科创城""腾飞小镇""电子谷"等的建设，建立"创新联盟""协同创新联合体"，推动地方政府主导的"大学创新经济圈"和"以企业为主导的未来产业创新研究院"的建设。深化高校科研管理改革，推动高校建立健全的知识产权全流程管理和权益分配机制，完善高校科技创新评价体系和激励机制，健全高校科技成果转化体系，大力弘扬科学家精神，建立科研诚信长效机制。

第六章

陕西省研究生教育发展的思路与举措

一、加强研究生党建及思政教育工作

各高校要坚定以习近平新时代中国特色社会主义思想为指导，深入落实党的十九大、中央人才工作会议和全国研究生教育会议精神，坚持"立德树人、服务需求、提高质量、追求卓越"，聚焦高校研究生教育的重点和难点问题，推动研究生教育综合改革系列政策落实落地，促进研究生教育质量内涵发展。

1.强化红色育人，深化"三全育人"综合改革

要不断贯彻落实习近平总书记关于研究生教育的重要指示精神，把正确的政治方向和价值导向贯穿于研究生教育和管理工作全过程，引导研究生自觉增强"四个意识"、坚定"四个自信"、坚决做到"两个维护"。贯彻以学生为本、德育为先、创新为重、全面发展的理念，把党史学习教育紧密融入研究生思政教育工作，着力构建高质量思想政治工作体系，发挥马克思主义学院主体作用，组建名师教学团队，遴选课程思政示范课程，持续推进习近平新时代中国特色社会主义思想进教材、进课堂、进头脑。提高思想政治工作人员的素质，建齐建强研究生辅导员团队。各高校按规定的比例安排专业的研究生辅导员，并将其工作成绩纳入绩效评价中。高校要建立针对导师的考核制度，将导师的师德状况与导师的素质相结合，并将其作为导师年度

考核、职务聘任的重要参考；加强研究生党建工作，加强党支部的战斗堡垒作用，在科研队伍中建立党支部，不断推进研究生基层党组织的建设。

严格导师评聘标准，健全导师分类遴选、评价与管理机制。高校应完善科教融合、产教融合育人机制，加强对学术学位研究生知识创新能力的培养，加强对专业学位研究生实践创新能力的培养，大力开展产教融合研究生联合培养基地建设；立足研究生教育前沿，科学设计符合研究生教育特点的分层分类课程体系，加强研究方法课程与学术前沿课程建设，推进课程教材建设；加强学位论文和学位授予全方位全流程管理，支持培养单位定期开展质量诊断评估；构建长效机制，加强科学道德和学风建设。

2.加强研究生思政教育，强化理想信念和社会主义核心价值观

（1）大力推进"思政课程"和"课程思政"建设，坚持各项课程与"思政课程"并驾齐驱，将"课程思政"的需求融入人才培养计划中，真正实现研究生课程类型和学科的全覆盖以及课程体系、专业体系、学科体系的全链条。组织实施"思政课程"、师德师风的建设与选拔。在习近平新时代中国特色社会主义思想的基础上，使"课程思政"与"思政课程"共同发力，产生协同作用，达成"立德树人""知识传授""能力培养"三位一体的课程教学目标。坚持以"课程思政+"为核心，全面建设"课程思政+"优质课程资源，以"课程思政+"为核心，全面建设一批具有思政特色的一流课程，培养研究生探索未知、追求真理的使命感、责任感。

（2）加强学风建设，认真开展党史学习教育。坚持做好科学道德和学术规范的融入式教育，部分高校组织开展了"百年献礼庆华诞、红色领航颂青春"师生诵读大赛、"学党史、强信念、跟党走"主题云团课、"忆百年党史，话青年使命"红色知识竞赛、"献礼建党一百年，红色经典永流传"线下读书分享会等活动。通过这些活动，研究生能够深切体会党的百年奋斗历程，认识时代责任和历史使命，从而不断提升思想道德素质。同时，部分高校还举办"科学道德与学风建设"线上讲座，召开学术道德规范教育报告会、学位授予仪式、毕业生座谈会、毕业生文明离校等教育活动，充分利用

新媒体平台开展"传播正能量，弘扬主旋律"主题的网络教育活动，以此加强思想文化和意识形态宣传阵地的建设和管理。

3.健全思政教育管理队伍建设，加强研究生党团组织建设

（1）健全完善思政教育管理队伍。

完善"三助一辅"岗位的设置和管理，学院均设有研究生秘书（多由教师兼职）和研究生辅导员（专、兼职），研究生院（研工部）牵头负责建章立制、政策激励和检查协调，对人影响多的学院以"三助一辅"岗位设立研究生兼职管理岗和兼职辅导员，鼓励优秀的研究生参与学校育人工作，如在全校范围内选聘兼职辅导员。

（2）加强研究生党团组织建设。

部分高校研究生党支部实现了按学科、专业纵向设置，形成了以老带新的队伍，既能充分发挥学科优势，又有利于同专业不同层次的党支部联合开展党日活动，进一步提高了研究生党建工作的科学化水平，提升了基层党组织的生活质量；进一步规范了院、院研究生会、研究生会的建设，提高了研究生会的政治性、先进性和群众性。

二、进一步加强学科建设

优化学位点布局，加强学位点内涵建设，落实陕西省"一流本科"建设任务，加强学科发展顶层设计，大力推进基础学科和交叉学科建设，力争人文社科类学科博士学位授权取得新进展。稳步推进学位授权点周期性合格评估和专项评估工作，加强信息化平台建设和运用，完成学位授权点基本状态信息数据的采集、监测、分析工作，加强对单位自评工作的指导。完善学位点动态调整机制，推动学位点布局持续优化。

完善质量评估体系，加强学科内涵建设。依据合格评估、水平评估、授权审核及国内外有关学科评价机构指标体系，制定学科建设质量评估体系，推进学科评估年度化、常态化。根据评估，协调解决各学科在发展过程中存在的问题，明确学科建设的目标和任务，不断加强学科内涵建设，提高学科

整体水平；不断改进研究生分级培养模式，完善研究生培养目标、综合评价机制、学位授权体系等；完善研究生分流选择机制。

1."一流学科"建设的总体要求

坚持以习近平新时代中国特色社会主义思想为指导，深入贯彻党的十九大和十九届二中、三中、四中、五中全会精神，全面落实《国家中长期教育改革和发展规划纲要（2010—2020年）》等国家战略部署，遵循高等教育规律和人才成长规律，坚持人才培养中心地位，坚持社会主义办学方向，着力提升学校核心竞争力和服务区域发展能力，着力增强学科创新水平和国际影响力。具体改进如下。

①一流学科建设要紧密围绕我国经济社会发展的重大需求，面向世界科技前沿、面向经济主战场、面向国家重大需求、面向人民生命健康。②一流学科建设要服务国家发展战略和经济社会建设需求，突出创新引领作用，形成一批在关键领域取得标志性成果的学科。③一流学科建设要促进科研与教学相结合，提高科研质量和学术水平，产出高水平论文成果，要以国家战略需求为导向，在服务区域经济社会发展和保障国家安全中发挥重要作用。④一流学科建设要坚持科学定位、突出特色，坚持"有所为、有所不为"。高校应当准确把握国家战略需求和自身优势条件，根据社会经济发展对人才的需要制定办学定位，立足服务全国高校综合改革试点工作、教育部本科教学工作审核评估及高等教育质量保障体系建设，以高水平大学为主平台、高质量特色专业群为主要内容进行学科群布局与结构调整。⑤一流学科建设要发挥资源优势、人才优势和科研优势。高校在研究领域上要有突破、有特色，对人才培养的需求有较强的针对性，人才培养质量在全国有一定影响。⑥一流学科建设要强化学校办学特色与发展定位。学校的办学特色与定位应能体现新时代特征、体现学校发展的时代要求。在明确自身办学特色和定位的基础上，结合国家战略需要和区域经济社会发展需求进行整合调整，形成办学特色明显、服务区域经济社会发展能力强的高水平大学、高水平专业群或学科专业集群。⑦一流学科建设要突出对经济社会发展和人民生命健康的

支撑与保障作用。⑧一流学科建设要坚持以提高质量为中心的建设导向与考核评价机制，重点建设"有特色、高水平"的学科群。⑨一流学科建设要突出重点领域方向布局与结构调整。⑩一流学科群建设要加强优势学科的交叉融合，形成引领带动作用。一流大学是高等教育改革的开拓者，一流大学的一流学科群建设要发挥示范引领作用和辐射带动作用。"双一流"大学的重点学科应成为本领域国家重大战略需求所需的核心基础学科或重要支撑学科；"双一流"大学的特色专业群应具有鲜明的中国特色或中国风格，带有中国高等教育的独特印记；"双高"（高水平大学、高水平应用型高校）的建设目标应与国家战略目标相契合。

2.加强统筹规划和资源配置

一流学科建设是一项长期的、复杂的系统工程，涉及学校教学、科研、社会服务等多个领域，需要全社会的关心和支持。"双万计划"明确了建设范围和经费支持标准。其中，"新建学科新增财政拨款不低于1 000万元/个"为重点投入方向。在资金投入上，强调"鼓励各地加大对学科建设经费投入力度"，这就意味着在未来几年里，经费投入将会继续加大。同时，要加强对高校办学经费投入的统筹规划，防止资源分散浪费。因此，必须制定合理的经费使用管理办法。"双万计划"还提出了具体的政策措施。在一流学科建设方面，强调学校要"坚持高标准、严要求"，制定学科发展规划（目标、任务）及实施方案。在平台建设方面，提出要"鼓励各高校积极申报国家级工程实验室、重点实验室等高端科研平台"。在资源配置方面，强调应"对高层次一流人才和团队给予支持"。同时提出要"加大对公共实验平台、科学基地等重大科研设施平台资源和高水平科研团队资源的配置力度"。在人才培养方面，明确应"不断完善人才培养体系"，要"突出人才培养中心地位"。在学术地位方面，明确指出应"加强学术影响力、学术声誉的评价"。在科研投入方面，明确规定应对高水平成果产出予以奖励、支持与激励。在师资条件方面，强调应"加大对教师队伍建设的支持力度"。在人才引进方面，提出"支持符合条件的高层次人才申报高水平博士学位授权点"。

此外，在评价方面提出应"建立动态调整机制"。在评价机制方面则有明确的规定：坚持过程性评价；强调动态调整；强调绩效考核和奖励激励，强化激励作用；强调过程性评估和管理评价；要求定期报告和公开信息；强调综合评价与专家评议相结合；强调以学校为主体，以教师为主体的多元评价体系；要求建立信息公开制度。

三、创新招生宣传方式，努力拓展优质生源渠道

积极利用既有招生宣传方式，探索新的招生宣传途径。坚持服务重心上移、宣传主体下移，充分调动各招生学院、各导师的积极性，采用线下、线上相结合的宣传方式，通过建设校外优质生源基地、积极开展校内外招生宣传会等途径，逐步优化生源结构、提高研究生招生质量和报考数量。

严把政策，遵守纪律。稳步推进研究生招生制度改革，完善研究生申请–考核制等相关制度，扩大博士研究生导师在博士生招生中的自主权；推进硕博连读招生方式，鼓励优秀应届硕士研究生报考，进一步优化生源质量；科学调整优化学术型硕士研究生与专业型硕士研究生的专业结构，持续拓展自主招生专业，保持研究生招生规模基本稳定；进一步扩大招生宣传，吸引优秀生源报考，逐步增加推免生的数量和比例，采取积极措施，鼓励引导优秀生源申请，提高生源质量；进一步完善自主命题质量，健全自主命题标准，加强对考试试题的科学管理，加大对命题教师的进一步培训，确保考试公平、公正；进一步优化考试方式，加强现代教育测量的理论和手段，充分利用考试对学生专业能力、能力倾向、创新精神、创新能力、综合素质等的促进作用。

1.宣传渠道

高校可以充分利用媒体资源，以媒体宣传为突破口，将招生宣传工作延伸到社会层面，拓宽招生宣传的渠道。各高校可开设研究生招生网页、微信公众号和新浪微博账号，开设研究生招生专题网站和手机报；与中央电视

台、《人民日报》等中央主流媒体合作建立研究生院网站，建立稳定的联系渠道；充分发挥新媒体的优势，与腾讯、百度等互联网企业合作开展网络直播活动。同时，高校通过官方网站积极开辟研究生招生宣传专栏，开设在线答疑平台和研究生招生咨询热线。对于高校来说，要想吸引更多的考生报考本校，也要在宣传渠道上下功夫。

研究生招生宣讲会主要有两种形式：一种是高校在现场通过多媒体设备向考生宣讲研究生相关信息，另一种是高校组织专场宣讲。现场宣讲能够让考生充分了解相关信息，有助于激发学生的学习兴趣，提高对研究性学习的热情；专题教育报告会则通过专题讲座进行招生宣传，能够有效地促进学生对专业知识的理解和学习；网上招生宣讲则通过网络向社会传播、宣传高校专业发展的相关信息，有助于拓宽学生了解信息、选择院校的渠道。专题教育报告会和网络宣讲虽然在时间上有冲突，但都是为了吸引更多学生报考本校。同时，专题教育报告会和网络宣讲也是当前陕西省招生工作中非常重要的一项内容。

2.宣传负责人

可以由不同职位的教师负责宣传，以便学生全面了解学校的情况。主要负责人如下：研究生招生单位负责人和各院系负责人，各院系辅导员、班主任，研究生招生单位外聘教师（兼职教师）及学生代表，研究生招生办公室工作人员和咨询人员，学校校报记者等媒体报道人员，院系专业研究人员和研究生教育专家，其他社会人士。

3.宣传形式

对于招生单位而言，宣传形式决定了宣传的效果。在宣讲形式上也存在着多种类型，不同类型的院校，宣讲形式也各有特点。招生单位在做好宣传工作的同时，要注意选择合适的方式方法，如此才能达到最佳宣传效果。研究生招生单位要对宣讲内容、宣讲时间以及宣讲地点做充分准备，根据学校规定和要求提前到现场进行考察，并根据当地环境及条件提前做好交通工具、场地以及接待服务等准备工作。研究生招生单位要选择合适的时间和地点进行宣讲，在当地有一定影响力和知名度的高校尤其重要。例如：对于具有较高声誉、在全国各地具有较大影响力的高校要优先选择，而对于不是全国重点，但在当地具有影响力的高校则可采取先到先得的原则。在宣讲过程中可邀请政府相关部门、行业企业及教育机构等参加并作专题报告，扩大招生工作声势；可以将学校特色课程及就业情况作为宣传重点；还可以将宣传与实际工作结合起来，现场答疑。

四、持续推进产教融合，加大专业学位研究生培养力度

加强专业学位案例库建设，加快推进校企合作，积极培育产学研协同创新项目，加强校外研究生联合培养基地建设。例如，在即将建设的西安工程大学长三角研究生研学中心联合培养平台的基础上，主要聚焦电子信息、机械、材料与化工等专业学位研究生的联合培养工作，着力提升专业学位研究生的实践创新能力和职业能力。

严抓学位论文质量。围绕"四个"面向，严抓学位论文选题、开题和中期考核，构建校院两级质量把控机制。严格分类培养，学术型研究生应重点围绕学科前沿基础问题、关键技术领域选题，专业学位研究生应重点围绕行业、产业需求选题。严格学位论文检测、盲审、预答辩和答辩过程，加大论文抽检比例，严查编造实验记录、抄袭数据等违反学术道德的行为。

"产教融合"是决定我国教育现代化、工业转型、创新驱动、民族振兴的重大战略任务。可以说，我国在产教融合的体制上的完善为我国高校的发展提供了一个新的机遇。在这一有利的政策面前，高校要解决的第一个问题就是要正确认识自己的角色预期，并以此为依据，充分发挥政策优势，积极采取措施，抓住机遇，谋求发展。高校要真正实现与地区经济的共生发展，必须把自己建设成具有区域影响力的技术转移中心、科技服务中心、科技创新中心。

1.坚持创新引领发展，推进培养机制再上新台阶

进一步深化研究生综合改革，创新人才培养模式，优化完善拔尖创新人才培养体系，全面提高硕士研究生的创新能力，强化硕士研究生在实践方面

的训练，促进学生进行学术交流，培养研究生的学术能力；持续开展课程建设，优化研究生选课机制，提升教学质量，推进研究生课程建设和研究生教学改革项目；进一步创新管理思路，促进学籍学历管理一体化、规范化、精准化、信息化，完善研究生管理规章制度，助力研究生创新需求，通过学校"放管服"改革，赋予各培养单位更大的研究生培养主动权，促进研究生教育向特色化、多样化发展；进一步推进研究生管理系统建设，实现培养工作的信息化创新，实现研究生管理系统的数据信息化、流程信息化，最终达到数据共享、管理自动化、管理智能化的目的，从而全面提升研究生教学与管理水平。

2.坚持全面深化改革，加强研究生教育质量体系建设

研究生教育在高校办学中具有特殊地位，研究生教育质量决定了整个高等教育的质量。因此，要从根本上提高对研究生培养工作的认识，以高度的责任感做好研究生培养过程管理。全面深化改革，以改革思维和全局视野推进高校内涵发展和高质量发展。

首先，从学校层面建立新理念和新战略；其次，从社会层面加强对高校社会服务、人才培养和文化传承创新等方面的支持力度；最后在高校内部层面强化教师队伍建设。建设一流学科离不开高素质人才的支撑，也离不开高水平师资队伍。在今后一段时间内，高校要充分将一流学科建设与学校教师队伍建设相结合、与学科发展水平相结合，重视人才培养模式创新和教育教学质量提升工作。总的来说，深化教学改革、改进人才培养方式、提升教育质量是当前高校工作的重中之重。

3.制定相关政策文件

在招生、培养、授予学位等环节建立质量监控标准体系，进一步推进研究生教育质量监控信息化，加大研究生教育质量监控，继续完善研究生管理系统中的查询、分析、统计等功能，构建自我监督、自我提高、自我发展的质量监控与保障体系，促进研究生教育各项工作不断改进和完善，保证学校教育质量稳步提高。

4.坚持以人为本，切实推动硕士学位工作的开展

优化经营，提高服务质量。高校要进一步推动学位管理工作的信息化，健全学位工作体系，充分利用教育部研究生学位论文评审平台，加强学位论文的同行评议，建立多维度的学位论文质量评价体系，将创新性作为衡量学位论文质量的重要标准；积极推进研究生开题、预答辩、答辩申请、学位信息、答辩成绩等工作；进一步理顺学位工作机制，理清学位有关工作在校院两级的职责分工，发挥二级学院的主动性；进一步加强学位授权点建设，推进学位授权点合格评估工作，结合学科评估、水平评估等评估工作，深入开展学位授权点总结和研讨工作；进一步做好新增学位点的扶持工作，以服务需求、提高质量、推动研究生教育内涵发展为目的，紧密围绕国家战略和经济社会发展需要，制定切实可行的研究生培养方案，支持新增专业依法依规发展。

五、加大研究生精品课程和优秀教材建设力度

积极推进研究生教育质量内涵建设，加大对校级及以上研究生课程建设、研究生教材建设的资助力度，做好校级优秀研究生课程教材评选工作；积极组织培养单位申报国家、省级研究生优质课程和在线课程建设项目，争取在国家级、省级研究生课程建设项目立项上有新突破。

1.建立相应的激励机制，建设名师团队

逐步形成一支主讲教授负责、结构合理、人员稳定、教学水平高、教学效果好的教师团队，并按一定比例配备辅导教师和实验教师。建立相应的激励机制，进行一定的物质奖励和经费投入；建立精品课程负责人制度，有目的、按计划地加强教师培训，鼓励有较好科研背景、专业背景和较好业绩的教师上教学第一线，鼓励教师积极参加科学研究、工程实践、管理实践、社会实践和教学研究，提高教学水平和教学质量。

2.提高课堂教学质量，精心打造精品课堂

要加强教学过程的需求分析，提高课堂教学内容的针对性，建立课程新

体系。教学过程的需求分析是对课堂教学目标提出完整、准确、清晰、具体的要求，它应包括研究生兴趣特点的分析和相关要素分析。对研究生兴趣特点的分析有利于教师有针对性地通过各种方式，努力使教学内容成为研究生的兴趣所在，有利于引导研究生积极主动地参与到课堂教学中。相关要素分析要求教师充分了解研究生的知识结构，正确把握课堂教学的起点、重点和终点。除此之外，还要做到以下分析。

一要进行研究生知识结构分析。研究生教学实行学分制，学生培养计划在入学时制订，课程根据学科专业和研究生知识结构拟定，教师帮助和引导研究生完善自己的知识结构。二要进行学科专业授课分析。教师通过分析相关学科专业、研究方向与本课程的联系，结合研究生所必须具备的知识和实践应用能力，决定讲授内容，尽可能使本课程具有前沿性、开放性、发展性和改革性。三要对教学大纲、教材进行分析。教师通过对教学大纲的分析，找准课堂教学的难点，确定课堂教学的重点，从而决定研究生应该理解及掌握的内容，合理定位所讲授的内容，做到在课堂教学过程中有的放矢。四要进行自我分析。教师的自身素质和文化修养决定了课堂教学内容的深度和广度，因此应对自身的知识结构和性格特征做细致的分析，结合授课内容，在课堂教学过程中体现自己鲜明的个性特点，使课堂丰富多彩。

3.构建网络教学平台，实现优质教育资源共享

教师要根据课程特点，积极使用网络技术，构建网络教学平台。将有关的教学大纲教案、习题、实验实习指导、参考资料等放在网上，建立答疑讨论专区，并设置一定的作业量或设立课程论文题目，实现教学与管理的网络化。另外，努力将精品课程开发成网络课程，依托精品课程网站，实现资源共享。学生可以在网上浏览课程教学大纲及课程简介，翻看教学教案，观看教学录像，完成课程习题及网上试卷，研究习题讲解，查阅参考文献与教学资源，下载教师讲义，实现网上答疑和接受实验指导，等等。

4.探索合适的双语教学模式

双语教学是目前高等教育为直接接触国际先进科学技术或教学思想所

采取的一项重要举措。在双语教学中可以采用国外原版教材，也可以采用获得大多数同行认可并被国内一流大学采用的教材。在教学中，教师用双语授课，对重点内容给出详细中文解释，往往会收到较好的学习效果。

5.研究生精品课程建设的保障机制

研究生精品课程建设需要建立科学的保障机制，规范管理。精品课程建设的保障机制应重点把握如下几个环节。一是严格评审，确保评审的公平、公正、公开。聘请校内外专家学者审查相关课程的申报书，调看有关原始材料，通过随堂听课、实地考察等程序，经专家组推荐，确定入选项目。二是建立研究生课堂教学督导制度与机构。在全校范围内选调具有丰富教学经验和较深专业造诣的专家组成研究生教学督导组；建立研究生课堂教学督学制度，由研究生院、研究生会和研究生导师三方结合实施，从不同的角度、内容和形式进行。三是定期开展精品课程建设年度和中期检查，提出建设性意见和建议。四是严把验收关。建立科学的评价指标体系，通过课堂教学督导员和教学信息员的信息反馈以及对学生进行的实验教学质量调查等多种形式进行教学质量检查，并依据办学主体自身发展需求和社会需求、课程发展特征和世界教育趋势、课程改革方向和教育政策等，对课程建设指标体系进行调整，实现监管过程和验收指标的双重动态管理，明确精品课程质量的时代特征，确保课程的创新性、先进性、科学性、系统性、整体性、适用性、示范性。

6.教育观念

教学观念是指教师对教学活动的内在规律的理解，是对教学活动、教学过程的一种基本观点和态度[1]。先进的教育思想应重视学生的学习效率，重视学生的发展和进步。在研究生教育中，应将价值观导向与职业素养相结合、研究生教育与学科建设相结合、研究生教育与创新思维能力培养相结合。

---

① 康涌泉.研究生优质课程建设路径创新的探索与实践[J].现代商贸工业，2022，43（24）：221-222.

7.课程的设置需要考虑提高硕士研究生的素质

研究生将成为推动我国社会和经济发展、迎接世界范围内的国际竞争的重要力量。在研究生教育中，课堂教学是培养学生创新思维能力的重要手段。要提高硕士研究生的培养质量，应从三个方面进行优化。

（1）优化课程内容，落实课程目标。高校必须优化课程内容，教师要选择学习的重点、难点进行讲授。

（2）优化教学方法，提高教学质量。教学方法是教师将课堂知识转变为学生认知，培养学生思维能力、创新能力的重要渠道。

（3）通过对评价方法的优化，提高学生学习的有效性。由于学生刚刚从本科教育进入研究生教育阶段，对研究生的学习目的、研究方向等问题尚不清楚，因此，要加强研究生的学习评价，优化评价方法，提高研究生的学习成绩。要做到以下几个方面：一是强化学习过程的评价，注重学生的学习主动性，课下通过线上资源督促学生学习。二是让学生深入社会调研，编写案例分析。三是课程结课考核可采取闭卷和课程作业相结合的形式。

六、加强导师队伍建设

针对专业学位导师队伍发展不平衡的问题，加强与企业行业的沟通、交流，扩大企业行业导师规模；加强对专业学位导师的规范化、职业化教育培训，鼓励专业学位导师到相关企业行业进行交流学习，提高实践教学能力；完善研究生导师的评价考核和激励机制，进一步加强研究生导师招生资格审核与培养质量的联动机制，充分发挥考核评价的引导激励作用。

落实导师岗位职责要求，严格师德师风要求，以推动导师落实立德树人职责为牵引，夯实导师思想政治首要责任人和培养第一责任人的职责；加快推进博士研究生指导小组制度，落实专业学位研究生"双导师制"，形成育人合力；探索聘任行（企）业骨干人员担任专业学位研究生第一导师。

积极加强导师队伍建设，强化导师岗位管理，实行导师遴选与聘任分离，破除导师终身制。在导师遴选与认定、聘任与管理中，对违反师德师风者，实行"一票否决"。鼓励校内导师跨学科交叉培养、跨院（系）联合培养，聘请国内相关高校、科研院所及行业企业专家，组建导师团队。

1.建立健全教师思想政治教育长效机制

加强对教师的思想政治教育。以党史学习为契机，加强对广大教师思想政治理论教育。组织开展党史学习教育专题报告会，并积极发动群众参与。

2.注重提升研究生导师综合素质

2021年7月11日至16日，西安电子科技大学组织了14个院（系）近三年来43位新来的研究生导师到上海交通大学进修。进修的内容主要有师德师风、课程与课程思政、学科建设、人才培养、专业建设与评价、国家自然科学基金计划等。另外，还参观了中共一大会址、钱学森纪念馆等，并就学习内容进行了交流[①]。

3.开展师德先进评选及教师节庆祝活动

组织教师道德模范的评选和表彰。高校在教师节期间，分别对教师道德建设先进单位、先进个人进行了表彰。通过学校主页、校报、官微、展板、教师工作主页、微信公众号等平台，向广大师生宣传师德典型案例，引导教师们把师德的要求融入自己的心中。

4.强化监督，筑牢师德师风底线

组织教师签订师德承诺书。在评奖评优、职务晋升、职称评定等工作中坚持师德"一票否决制"。加强师德师风形势研判，召开师德风工作部署会。强化导师岗位与职责管理，加强"双导师"队伍建设，确保导师岗位与研究生培养规模和质量需求相匹配；健全导师分类遴选、评价与管理制度，全面落实导师"第一责任人"职责。打破导师终身制，改变重"身份"，转向重"岗位"。完善导师培训体系，不断推进导师队伍建设，构建研究生导师培训常态化机制。各高校出台研究生导师培训实施细则，进一步完善校院导师培训体系，持续实施研究生导师能力提升"红专计划"，系统提升导师

---

① 黎盼，武晓朦，董丙剑，等.高校师德师风建设长效机制研究[J].西部素质教育，2022，8（19）：35-38.

育人能力。选树优秀研究生导师和教育成果，加大正面典型案例的宣传力度，努力造就有理想信念、道德情操、扎实学识、仁爱之心的研究生导师队伍，全面提升研究生人才培养质量。

通过新增导师的遴选以及研究生导师的年度考核，适时提高研究生导师遴选条件，遴选出一批有条件、有能力的导师，并通过年度考核，对现有的研究生导师队伍进行优化，淘汰一批不符合目前指导条件的导师，并引导研究生导师提升自身研究能力和实践能力。

七、改革与完善知识结构

要完善"以本为本"的知识结构。研究生具备的知识不应是孤立的，而应是一个系统，它具有一定的内在逻辑和整体性。这一知识结构的形成过程，也是研究生素质培养和能力提高的过程。

"以本为本"是指研究生教育培养对象应具有基本知识、基本能力、基本素质以及相应的知识结构。这种基本知识与基本能力主要是指研究生应具备的"学科基础知识"，它指研究生从社会生产实践和科学发展中获得的、必须具备的、能够指导其实践活动并发挥其作用的知识。而这些知识以"学科基础知识"为载体存在着。因此，"以本为本"要求研究生教育培养研究生要以学科基础知识与技能作为理论依据，以科学发展观作为实践指导思想。从目前研究生教育的发展情况来看，要达到这个目标，还需要高校采取切实措施不断地完善他们的知识结构。首先，高校应加强基础课程和重点课程建设，使研究生在掌握学科基础知识、培养解决实际问题能力的同时，拓宽知识面，扩大思维视野，并结合我国经济社会发展实际以及国际上一些新出现的问题进行科学研究。其次，高校要充分发挥其作为人才培养基地、科研基地和前沿学科阵地的作用，加强对研究生基础课程、重点课程的建设，为他们提供学习条件和各种研究平台，建立相应机制提高研究生在教学与科研中运用专业语言表达、交流学术思想的能力。再次，政府应从政策上对高校建立学科基础设施给予支持，并在一定程度上给予财政资助，高校应加大人才引进力度、扩大招生规模以及完善教学培养条件。此外，国家有关部门还应当通过科研项目资助、专业领域内科技奖励等途径给予高校一定的资金支持。

只有如此，才能保证研究生教育能够不断地发展并形成一个相对稳定的、有自己特色的知识结构。总之，构建"以本为本"的人才培养结构，要实现"以本为本"的目标要求，必须通过改革与完善其知识结构来逐步实现。

具体来说，研究生教育要形成一个系统，需要从以下几个方面着手。

第一，研究生必须具备学科基础知识。这是形成"以本为本"知识结构不可或缺的部分。

第二，研究生必须具备一定的专业基础知识和实践技能。这是研究生获取学位的重要前提。研究生应当具有扎实全面的学科基础知识，能够灵活运用相应专业领域知识处理本学科相关问题，并开展多学科交叉研究。

第三，研究生应具有一定数量且质量高、门类齐全、体系完备、结构合理、管理科学规范的本专业基本理论和基本知识，并能够在本专业较宽范围内灵活运用这些基本理论及基本知识。这是形成"以本为本"知识结构的基础。

第五，高校必须具备能合理组织研究生在不同领域内进行交叉学科研究的能力，从而使他们具有一定的学术视野和研究能力。

第六，研究生应当能够从社会生活和科学发展中得到一些重要信息和最新成果，还应具有相应学术思想以及表达观点的能力。

第七，研究生应当具备良好的文化修养与道德品质，以及健康向上的生活方式。

第八，研究生教育必须加强学科理论建设并建立相应学科基础设施和平台。

第九，高校还应当加强对研究生创新能力的培养。

第十，研究生还应具有一定学科理论素养、实践经验、实践技能。研究生要对本专业及其相关领域有深刻的了解；能够对有关学科领域进行宏观分析、系统分析和研究、综合分析，解决问题；具有一定的外语能力。

八、完善就业制度，提高学生就业质量

2021年以来，毕业生数量持续攀升、经济转型升级，省委教育工委、省教育厅深入贯彻党中央、国务院和省委、省政府关于"六稳""六保"决策部署，深刻分析当前高校毕业生就业创业工作面临的新形势、新挑战，狠抓工作落实，完善政策措施，推动陕西省高校毕业生就业创业工作内涵式发展。

1.强化政策落实，确保毕业生充分就业

持续推动各项稳就业政策向应届毕业生倾斜，国企、事业单位空缺岗位70%用于招聘应届高校毕业生；中小学幼儿园教师招聘8 224人，"特岗教师"招聘5 289人；"三支一扶"招聘555人，"西部计划"招聘1 445人；普通专升本录取26 129人；研究生录取29 352人；第二学士学位录取1 643人；毕业生参军入伍5 000余人；开发科研助理岗位1 994个；开发社区公益岗位1 200个。

2.注重思想引领，树立扎根基层远大志向

把西部基层工作的价值观念渗透到"三全育人"的各个阶段，以"滴灌"的方式培养学生的爱国情怀，引导学生把个人理想融入党和国家的事业中，鼓励学生到西部去、到基层去、到祖国和人民最需要的地方去建功立业。2021年，陕西省大学生就业人数达168 600人，为西部地区的经济、社会发展提供了强有力的人才支持。

2021年8月16日，中央电视台《焦点访谈》报道了陕西省在鼓励和引导高校毕业生赴西部基层就业方面的主要做法和典型事例。

3.全力搭建平台，完善就业服务保障体系

2021年，陕西省深入推进"互联网+就业"新模式，打造"陕西省大学生就业管理服务系统"，整合全省高校用人单位资源，举办各类线上、线下招聘活动，参会企业15万余家，提供岗位信息300余万。部分高校发挥行

业优势，联合举办师范类、财经管理类、艺术类、高职类等联盟招聘活动11场。陕西省与新疆、西藏等地人社、教育等部门建立了就业战略联盟，开拓就业市场，通过顶岗实习帮助毕业生提前了解新疆、西藏，并最终在新疆、西藏地区实现就业。

4.抓好政策保障，支持大学生创新创业

坚持以创新创业教育为重点，以各种方式支持大学生创新创业。出台《关于支持高校大学生创新创业的指导意见》，从完善政策措施、加强组织领导、完善激励机制等八项措施出发，为大学生创新创业创造良好的环境。

5.开展精准帮扶，确保困难群体充分就业

要掌握低收入家庭、少数民族、身体残疾等特殊人群的就业状况，建立大学生就业档案，实行"一对一"辅导，使其尽快找到工作岗位。联合省人社厅、国资委、卫健委等单位组织开展"精准扶贫招聘会"，以提高就业质量。2021届大学生中，52 000名家庭困难学生的归属率达到了88.6%，比全省平均水平提高了1.6个百分点。

6.深化教育改革，建立评估反馈机制

继续深化教学改革，建立评价和反馈评价体系，包括专业设置、招生计划安排和人才培养改革。对五年前毕业生到校落实率不到75%、连续数年去向落实率在50%以下的院校进行统计，利用招生计划的杠杆作用，对高校进行专业调整，构建人才培养质量保证体系，提升人才培养质量，增强毕业生的就业竞争力。

7.转变就业观念，深化就业制度改革

高等教育是素质教育的一个重要内容，它的核心是培养学生的创新能力、实践能力，全面提升他们的人文素质和科学素质。因此，在普及教育阶段，高等教育将是一种普遍的权利，它将取代培养高层次技术和管理人员的目标，忽视其特殊性，强调其普适性。与此同时，高校毕业生要树立"大众化"的就业理念。随着社会的进步和科技的发展，人们的工作环境、工作方

式等都发生了巨大的改变①。高素质、能力强、掌握先进科学技术和工作方式的人才，将逐步向社会渗透。

必须打破精英教育与职业结构之间旧有的、刻板的联系，相对降低大学生职业期望值。随着社会成员素质的普遍提高和大学生人数的增加，可能过去由高中生或中专生从事的职业逐渐由大学生来担任，这种现象将会逐步成为普遍现象。

高校毕业生就业制度必须适应高等教育普及化的要求，要在原有的就业体制改革的基础上，对原有的"统包统配"体制进行全面改造，使高校毕业生"自主择业"和"自由选择"得到全面的发展。《关于进一步深化普通高等学校毕业生就业制度改革有关问题的意见》还强调，要解决当前高校毕业生就业"难"问题，必须进一步解放思想，切实改变大学生的就业观念，建立市场导向、政府调控、学校推荐、学生与用人单位双向选择的就业机制，努力实现高校毕业生的充分就业。

8.改革高校培养模式，加强实际工作能力

陕西省大学生在社会变革、科技进步、知识更新、职业流动日益频繁的今天，必须积极主动地适应社会的需求，不断地更新自己的知识，不断地学习新的技术。为此，陕西省高校应树立高等教育的综合化培养目标，改革人才培养方式，推进素质教育，深化教学和教材改革，进行知识内容更新。

全面素质教育是时代发展、知识经济社会对高校（尤其是综合性高校）发展的必然要求。现代通才教育包含三层含义：重视建立"大专业"，以培养全面人才，如管理学、系统科学等；普通职业的设立，不再局限于以往的框架，要扩大范围；纵然是一门比较广泛的学科，也要更加广泛，学生既要掌握边缘学科、交叉学科，又要具备人文素养。

因此，现代意义上的通才，实质上是博才，是具有一专多能、专通结合的"通才"。通才教育能够适应现代科学技术综合化的发展趋势，适应社会

---

① 郝瑜.论陕西高等教育大众化及其实现途径[D].武汉：华中科技大学，2004.

迅速发展、环境多变的潮流，适应人才的智力开发，使人的创造能力得以充分发挥。

陕西省高校要切实实施通才教育。首先，要拓宽培养目标，加大培养力度。随着世界经济的一体化进程和知识经济的到来，陕西省高校已不能将单纯的教学科研人才作为培养目标，而应在培养教学科研人才的同时，注重培养应用型人才，使他们在掌握本专业基础理论与技能的同时，具有较强的实践能力。更为重要和迫切的是，高校要选择和培养具有开拓创新能力的人才，使他们能够对自己和社会有较客观的认识和调节适应的能力，使其才能在进入社会后得到最大限度的发挥。其次，必须改革现有的高等教育结构，有计划地进行院系调整，建立一批真正具有理、工、农、医、文等学科的综合性大学，进一步提高目前一些专业性太强的高校的水平。再次，改革大学课程结构的设置，实行跨学科教育，建立跨学科的专业和科研组织，对现有课程的内容向综合化方向改革。最后，开设交叉学科的课程，在试行学分制的基础上，增加选修课程，允许学生在系际、校际之间选修课程。执行符合自身条件与特点的教育模式，既能更加合理地利用教育资源，使人、财、物得到合理配置，又能使高校更好地适应陕西省社会和经济的发展需求。人才培养的多样性，可以使高校根据社会需求及时调整策略，在竞争中处于主动地位。

9.完善就业指导体系，提高学生择业能力

就业问题是否得到妥善解决影响社会秩序稳定与否，政府在其中积极承担责任，相应地，高校也在其中扮演重要的角色。在高校毕业生的就业实践中，存在着一些缺陷：一是毕业生职业实践能力较为欠缺；二是毕业生对自己缺乏明确的职业定位；三是毕业生的求职意愿与企业需求之间存在信息壁垒。

就业指导虽不能提供更多的工作机会，却能有效地缩短空岗时间，促进人力资源培养。陕西省在完善就业指导制度的过程中，主要要做到如下几点。第一，为学生提供就业咨询。例如，运用现代信息技术建设就业信息库，加强信息的正确性、规范性，使毕业生与用人单位能够及时了解彼此的供求信息。第二，对毕业生进行职业定位指导。在求职过程中，每个学生都渴望能有一份满意的工作，而要做到这一点，就必须对自己有一个正确的定位和对自己进行客观评价。很多学生在求职时会思考"我要做什么"，但很少去思考"我能做什么"。通过职业能力、职业倾向和职业适应性测量，可以帮助学生在选择职业时增强职业的针对性，从而达到扬长避短、发挥自身优势的目的。第三，对毕业生进行职业能力培训。面对求职抉择的学生，因其社会经验不足，在求职时往往表现得较为拘束，甚至有些不知所措，以致错失良机。对毕业生进行职业技能指导，以促进其择业能力。

第七章

结论与展望

一、结论

"十三五"时期,《国家中长期教育改革和发展规划纲要(2010—2020年)》《中共陕西省委、陕西省人民政府关于贯彻〈国家中长期教育改革和发展规划纲要(2010—2020年)〉的实施意见》《陕西省人民政府关于贯彻〈国家中长期教育改革和发展规划纲要(2010—2020年)〉的通知》表明,统筹推进教育事业的改革、发展和稳定,确保"十三五"规划的主要目标得以实现。

1.高等教育加快发展

陕西省8所高校入选国家"双一流"建设高校,居全国第四。8所高职院校入选国家"双高计划"建设院校,其中4所入选"高水平学校",居全国第四、中西部第一。

2.教育脱贫攻坚取得胜利

陕西省严格执行"七长"控辍保学责任制,全面实施"两免一补"。建立了"精准助学"管理体系,健全了"精准助学"体系,改善了贫困家庭的"失学辍学"现象。共征"特岗教师"3.3万人,集中连片特困地区农村教师的生活补贴基本达到了全覆盖,平均标准为418元,居全国第六位。贫困地区的特殊招生项目稳步发展,为30 000多名贫困家庭的学子实现了重点高校的梦想。共投资281亿元，对贫困地区70 000所学校进行了改建。中小学校旱厕基本消除，省内103所高校参与的"双百工程"开展各类帮扶8 000余项，有力助推全省脱贫攻坚工作。

3.教育改革开放深入推进

义务教育公办民办学校同步招生全面推行，免试就近入学全面落实。高考综合改革稳步推进，分类考试招生成为高职院校招生主渠道。民办教育分类管理改革全面推进。成立了国际汉唐学院和中国书法学院，搭建中外人文交流新平台。积极打造"留学陕西"，来陕国际学生总量达到6万人次，年均增幅达10%。

4.教育服务能力显著增强

高校服务创新发展能力不断增强，"十三五"期间，全陕西省高校共承担科研项目29.8万余项，科研经费累计投入达到625.51亿元，2020年经费投入突破160亿元，较2015年翻了一番。高校毕业生170余万人，超过70%留在西部就业创业。大学生"互联网+"创新创业大赛成绩稳居全国前列，"青年红色筑梦之旅"得到习近平总书记肯定并上升为国赛固定赛道。劳动年龄人口平均受教育年限达到10.91年，新增劳动力接受高等教育比例达59.81%。

5.教育保障水平持续提高

各级党委全面建立了教育工作领导小组，大力弘扬延安精神和西迁精神，切实强化了教育系统的党建工作。教育投资有了显著的提高，所有的公共财政都得到了全面的支持，教育的总投资已经超过了5 000亿元。省委、省政府出台了《关于全面深化新时代教师队伍建设改革的实施意见》，教师待遇地位得到有效提升，教育人事制度改革稳步推进。

陕西省在2021年取得了较大的进展，但也遇到了不少问题与挑战。从总体上看，我国优质教育资源的短缺与经济社会发展的需要、人民对公平和有质量的教育的迫切需要之间的矛盾依然突出。

教育发展不平衡、不充分的问题比较突出，区域、城乡、校际差距仍然较大，教育公平程度有待提升。从教育自身发展来看，立德树人仍需全面强化，各学段教育发展还不够协调，目前，我国高职院校的办学水平还处于较低水平，高职院校之间的合作还存在着一些问题。我国学前教育的费用分摊机制尚需健全，义务教育质量平衡发展的任务十分艰巨。

高等教育面临的"前甩后追"形势更加严峻，基础学科、医学学科依然薄弱，创新力和服务力有待提升，"双一流"建设任重道远，教师数量不足且结构不够合理，教育对外开放程度不高，继续教育和终身学习体系还不完善。

二、展望

改革开放以来，我国研究生教育得到了快速发展，研究生毕业人数持续增加，从1978年的0.7万人增加到了2011年的23.8万人。目前，我国有近200所高校开展了研究生培养工作，全国在校研究生数量达到了26万人，已成为世界上最大规模的硕士研究生和博士研究生培养国。但研究生教育在快速发展的同时，也存在一些不容忽视的问题：在招生规模和办学层次上不能满足社会需求，在导师队伍和生源质量方面与社会需求差距较大，在人才培养模式、课程设置方面与社会需求不相适应，科研经费和仪器设备等投入严重不足，等等。这些问题制约了研究生教育的健康发展。当前我国教育面临的一个严峻的形势是国家的经济实力、综合国力与人才资源之间的差距不断加大，社会对高层次创新型人才的需求不断增加。

我们要深刻认识教育改革发展的目标任务，增强责任使命，突出重点，理清思路，统筹推进各项工作并取得进展。面对新形势和新挑战，我们必须清醒地认识到研究生教育面临着的许多问题和困难，要切实加强培养质量保障体系建设。为适应国家发展战略对人才培养质量提出的新要求，陕西省研究生教育未来应从以下几个方面进行转型。

1.全面完善的发展目标

（1）研究生教育应落实立德树人的目标，培养高素质人才是其根本使命。研究生教育质量是高校办学水平的重要体现。高校应以习近平新时代中国特色社会主义思想为指导，以服务国家战略和人民群众需求为导向，以推进高等教育内涵式发展为目标，深入贯彻落实《关于深化新时代教育评价改革总体方案》的要求，全面提升研究生教育质量。从研究生培养的基本内涵来看，其主要基本内涵包括三个方面。一是培养目标。明确研究生培养目标是研究生教育工作的根本任务和价值追求。二是课程体系。科学合理地设置研究生专业课程体系和课程内容，建立以能力为导向的课程考核体系，完善教学评价体系，建立开放多元的师资队伍。三是科学规范的制度保障。制度作为一种实践手段，能够保证人才培养过程能够按规律运行。通过建立健全的质量标准、监督机制、激励机制等，加强对研究生教育全过程的质量控制和监管，推动实现对学科发展规律、人才成长规律和学术规范规律的科学把握。从研究生教育的主要特征来看，其主要特征是以服务国家战略与人民群众需求为主要目标与使命引领。服务国家战略与人民群众需求体现了培养高端创新型人才的价值取向和使命引领作用，其首要目标是服务国家建设与社会发展需要、培养高层次创新型人才、提升创新能力以及满足社会需求等。研究生教育以坚持"四个面向"为主要原则，以科学精神和人文精神的传承与创新为主要特征。另外，学术精神是研究生教育质量的核心，是研究生培养的灵魂所在，决定着研究生教育的质量、水平和特色。习近平总书记指出，要加强人文社会科学基础研究，重视哲学社会科学经典著作的学习。"读好书"是提高人文社会科学理论水平和学术研究能力的重要途径，也是建设高质量学术人才队伍的根本保障。高校要以深化课程改革为抓手，加强研究生思想政治教育、价值引领与学风建设；积极推动建立以科学方法论为核心的研究生教育理论体系；坚持正确方向、问题导向、实践导向，不断提升学生的研究能力；注重科研精神培养，营造自由探索、勇于创新、敢于担当、潜心治学的良好学术氛围。

（2）加快高等教育发展。深入推进"双一流"建设，支持在陕部属院校跟进国家战略做强做大，支持省属高水平大学服务区域经济社会发展做优做特，促进应用型高校转型发展，加快独立学院转设，积极发展新兴交叉学科，积极争取国家级前沿学科中心，培育新的学科增长点。以开展"六卓越一拔尖"计划2.0为引领，加快培养理工农医类专业紧缺人才。全学段推动"课堂革命·陕西行动"，从物态、形态上实现课堂创新。支持有条件的高校建设示范性微电子学院、示范性软件学院等特色化专业学院，布局建设一批高水平的未来技术学院、现代产业学院等协同育人平台。

（3）深化教育改革开放。全面落实教育优先发展战略，完善"政府投入为主、多渠道筹集经费"机制，着力提高经费使用绩效；构建新时代教育评价体系，统筹推进育人方式、办学模式、管理体制、保障机制改革；健全学校、家庭、社会协同育人机制，形成共育合力；支持和规范民办教育发展，推进民办教育分类管理改革。深化考试招生制度改革，稳步推进高考综合改革；构建新时代教师队伍发展体系，全面提升教师社会地位和保障水平；实施教育"新基建"工程，推进信息技术与教育教学融合创新应用；支持高水平大学开展中外合作办学，深化丝绸之路国际产学研用合作平台作用，构建新时代教育对外开放体系，打造"一带一路"教育对外开放新高地。

（4）建立陕西高等教育质量的评价体系。当前，社会企业、用人单位、大众传媒等机构也可以开展对于高等院校的评价、监督和排序，从而形成由社会各阶层人士广泛参与的高等教育质量评价阵营，构成全社会对于高等教育质量的监控力量。高等教育大众化的质量控制，必须动员社会大众共同参与。政府对于教育质量的要求具有全面性和现实性的特征。陕西省教育厅在高等教育大众化的进程中，同样担负着对各高校教育质量评价监测的重要职责。与精英教育时代不同的是，省教育行政部门对教育质量的评价监测工作在工作方式、重点和作用力方面，既与过去相联系，又不相同。要尽快建立在陕西省范围内实行教育监督的高水平中介管理机构，要在保证其工作自主性的前提下，给予宏观指导和具体支持。

2.创新和改革"一本书"式传统教学模式

研究生教育要改革，就必须改变过去的"一本书"式传统教学模式。

首先要转变研究生教育理念。当前，我国研究生教育理念发生了重大变化，过去"以考促学"的应试教育制度已不能适应时代的要求，"以评促学"的学术评价机制也已不能适应社会对人才创新能力的要求。因此，要彻底改变"一本书"式教学模式，建立基于创新能力培养和全新评价机制的新型研究生培养体系。其次，在具体的教学过程中要充分发挥导师的作用。在传统的教学中，导师主要负责"教"，学生主要负责"学"，这是由传统教育习惯造成的。在这种教学模式下，研究生是被动接受、被灌输知识的，导师不仅不能给出有效的回答和反馈，也无法与学生进行沟通，同时还存在着师生关系僵化等问题。因此，要实现研究生教育由"一本书"向"一群人"转变，必须充分发挥导师在研究生培养过程中的主导作用，要改变过去单纯注重知识传授、忽视学生创新能力培养以及只重视"结果"、不重视"过程"的现象，要通过强化教学过程、优化教学方法、丰富课程内容等措施来加强研究生培养过程中导师作用和研究生作用在研究生教育中的有机结合。最后，高校要努力探索创新型研究生教育新模式。长期以来，我国研究生教育主要采用"以考促学"的考试方式对研究生进行考核和选拔，这种考试方式不利于研究生创新能力和综合素质的发展。同时，这种考试方式也无法反映出每个研究生在学习过程中遇到的问题。因此，为了实现研究生教育的转型，必须对传统的考试方式进行变革，以探索出一种适合当前阶段研究生教育的考核方式。

（1）建立"以评促学"与"导师制"相结合的评价机制。

为了改变"以考促学"的考核方式，需要将过去仅仅通过考试来评定研究生学习成绩的方式改为由教师根据科研项目和课题来对学生进行考评的方式。这一举措将原来单一、片面的"以考促学"考试方式改为全面、多元的考核模式，从而建立起一种符合社会发展对人才要求的多维考核体系。

（2）建立基于创新能力培养和全新评价机制的学术评价体系。

要改变传统学术评价体系只注重对考试成绩进行评定的方式，要将考试作为研究生选拔和培养的重要手段。因此，要建立起基于创新能力培养和全新评价机制的多维评价体系，将研究生在学习过程中遇到的问题、研究过程中发现的问题等因素纳入科研项目评估与考核范围当中，从而形成一种多元化、多维度、具有创新性和实效性的评估体系。

（3）加强导师队伍建设。

发挥导师在教学管理和培养学生方面的主导作用。要加强导师队伍建设，首先应强化导师自身的发展意识，要不断学习和更新教育理念，改变原有教育方式、方法。其次，强化导师的管理意识、能力素质提升意识。最后，加强学生的主动性意识。

（4）以问题为导向进行教学改革。

要实现研究生教育的转型，必须从导师、研究生两个层面来进行改革。

一是要从导师层面来进行改革。首先，应提高导师自身综合素质。导师要做到"传道、授业、解惑"，从而提高研究生教育教学质量。其次，导师要从观念上改变教学方法和手段。导师对研究生的思想政治工作不能只停留在理论教育，还要注重对研究生创新精神和实践能力的培养，使之成为高素质创新型人才。最后还要加大经费投入和提高服务水平。在传统教学模式下，研究生往往被动接受知识，对知识的掌握仅限于课本之内。而在实际生活中，人们往往需要对所学知识灵活运用，因此必须培养研究生的自主学习能力、实践能力和创新能力。

二是要从研究生层面来进行改革。从研究生层面进行改革的主要任务是转变学风和思想观念，优化课程设置和教学过程，构建有利于研究生发展的评价机制。研究生教育的改革既是一项系统工程，也是一项长期任务。要实现这种改革，只有广大师生共同努力、共同参与，才能取得实效。当前，我国研究生教育仍处于由"旧阶段"向"新阶段"转型的过程中。要实现研究生教育的转变有许多机遇，但也面临着许多困难和挑战。在实践中如何实现变革、应注意哪些问题等都需要进一步探索和思考。

总之，从教师层面来说，要加强师德师风建设，努力提高教育教学水平，提高教师自身素质。从研究生角度来说，要积极转变科研理念，强化培养质量意识。

（5）注重培养研究生的科研创新能力。

研究生是社会的特殊群体。培养具有创新能力的人才是当前研究生教育改革的主要目标之一。创新人才培养需要在科学、工程、管理三个方面取得突破，其中，科学创新尤为重要。科学和工程之间存在着密切联系。工程教育可以直接服务于科学发展，这是工程教育的重要组成部分。管理是一门科学，对学校进行教学改革可以促进管理质量的提高，这也是一项需要研究生教育关注的重要工作。

当前，我国研究生教育正处于创新人才培养和新工科建设发展的关键时期，应顺应时代潮流和社会发展需要，坚持以问题为导向进行教学改革，探索创新型研究生教育新模式。同时，也要注意不能盲目改革，在实践中还应注重对改革与发展过程中一些关键问题进行处理。

3.培养目标由学历向能力转变

学历教育向能力教育转变是研究生教育的一种必然趋势。这种转变的实现必须有相应的人才培养体系来支撑。因此，在研究生教育改革与发展过程中，应先明确培养目标。要实现培养目标，必须解决以下几个问题。

（1）培养目标与社会需要之间应如何协调？什么是社会需要？这是需要解决的问题。因此，在培养目标的制定过程中，要遵循社会需求规律，同时还要注意满足社会需求。这样才能使培养目标与社会发展相适应。

（2）培养目标是否符合国情？我国需要什么样的人才？这是必须考虑的问题。我国现在处于一个转型时期，也是经济快速发展时期。未来会有什么样的变化、是否有更多的机会去深造和提高自己等，都与培养目标息息相关。目前，我国各高校培养目标中是否有与实际情况相符合的地方？是否存在不足之处？如果存在不足，又如何去弥补？这些问题都要解决。

（3）如何确保培养目标有效实现？培养目标的实现是一项长期的、艰巨的工作，要保证实现培养目标，必须不断探索。

（4）衡量研究生教育教学质量的标准和评价体系如何构建是一项复杂

的工作，应从哪些方面来考虑？在哪个层面上进行改革和创新？这些都需要深入思考。只有进一步思考，才能实现培养目标。

（5）完善研究生教育质量保证体系是我国研究生教育未来发展的一个方向。当前阶段，大多数研究生在攻读研究生学位时，都有一个共同的目标：想成为高级技术人才或科学家、管理人员等。从这个意义上说，学历教育就是一种培养学生能力的方法，也是一种"高层次的"人才培养模式。因此，要达到这种培养目标，就需要制定相应的研究生教育质量保证体系。目前，我国研究生教育质量保证体系建设还处于探索阶段，有待进一步完善。

目前，我国经济发展速度非常快，形势比较严峻，因此，我们必须抓住这个机遇，加快人才培养体制机制的改革与创新，促进人才培养模式由学历教育为主向能力培养转变。

4.改革课程结构和教学方法

改革课程结构和教学方法，不仅是为了培养研究生学术研究的能力，也是为了培养研究生独立解决问题的能力。

首先，要根据不同研究领域和专业学科的特点设置课程内容，形成合理的课程结构。如对应用性强、跨学科、专业性强的学科，就应设置与其相适应的高水平通识课程和公共基础课程。其次，要提高教学水平和质量。如此做的目的是提高研究生的创新能力，培养研究生的创新意识，增强研究生的实践能力、科研素质，等等。再次，教学方法应多样化和灵活化。如可采用案例教学、讨论式教学、启发式教学等方式，激发研究生的学习兴趣，同时也可以提高其运用知识的水平和能力。另外，加强理论与实践相结合课程的建设，培养科研能力是未来研究生教育改革的重点方向，也是当前研究生教育中急需解决的重要问题。最后，导师在教学过程中应注意以下几个方面：①因材施教，导师要根据每一个研究生不同的个性特点和学习基础来制定教学计划和课程方案；②采用启发式、讨论式和参与式课堂教学方法，以导师为中心，充分发挥研究生主动性与积极性，在传授知识给研究生的同时，还要教会他们如何思考、分析与解决问题；③导师应注重理论教学与实践教学相结合。

研究生教育教学方法改革主要包括以下几点。

（1）应合理安排课程体系和知识结构。要在保证基础知识的前提下，加强重点专业的课程建设。同时要增加专业基础必修课或公共基础课等公共科目。

（2）要建立以问题为导向、以能力为本位的研究生教育教学模式。如培养研究生解决问题能力和创新能力等方面都需要加强培养学生发现问题、分析问题的能力。

（3）合理安排理论教学内容，做到"以用为本"。要根据专业学科特点和研究生科研能力的要求，合理安排理论教学内容，加强实践课程及训练课程建设。

（4）重视培养学生的创新思维。在研究生教学中要加强思维训练和实践训练。如在培养科研能力方面可采用案例教学法、讨论式教学法。

（5）建立良好教师形象和营造良好教研氛围与环境，使教学相长，同时也可促进研究生学习积极性、科研意识及科研能力的提高。

（6）加强导师队伍建设，提高教育质量。首先要建设一支高素质的导师队伍，其次要加强教育培训工作并提高导师业务水平和管理能力，最后要开展优质教育资源共享工程，使资源得到充分利用与共享。

（7）加强研究生教学中应用技术实践课程（含实验、实习课程）的建设。

5.建立导师责任制，实现导师队伍的建设

首先，高校应积极探索优秀师资培养发展新模式。一方面，要加大对导师队伍建设的投入，在保证导师质量的同时，让优秀人才有机会承担高水平科研任务；另一方面，要积极探索和完善研究生培养模式改革与创新。其次，积极探索导师队伍的发展方向。一方面，要以创新和科研能力为核心进行培养模式改革；另一方面，要充分发挥学科带头人、学术骨干在科学研究上的带头作用和指导作用。最后，建立教师职业发展机制。研究生导师是教师队伍中最关键的一部分，建立教师职业发展机制对于加强师资队伍建设至关重要。

陕西省研究生教育经过几十年的改革与发展，在取得一定成绩的同时，也积累了不少矛盾与问题，需要在今后的改革中不断解决。

陕西省研究生教育工作要实现新发展，需要立足于实际，充分发挥特色优势。以"服务区域发展"为导向进一步加强学科建设；以"提高人才培养质量"为目标进一步优化人才培养模式、强化课程体系、完善考核方式、改进评价体系；以"促进产学研结合"为抓手进一步加强研究生教育与区域经济社会发展的结合，努力提高研究生培养质量。

研究生教育是高等教育的重要组成部分，也是支撑区域经济社会发展和科技创新的战略性、基础性人才培养基地。研究生教育与其他教育不同，它更强调学科、专业之间的交叉融合，具有很强的实践性。研究生教育对提升人才培养质量、实现区域经济社会发展有重要意义，可以推动科技创新。陕西省是全国研究生教育的重要省份之一，在新形势下，陕西省研究生教育如何发挥优势以创新引领发展？如何抓住机遇在西部地区率先实现高水平大学和学科建设目标？如何把握住未来的发展时期？这些都是需要解决的问题。相信在国家、陕西省以及各高校的共同努力下，会有越来越多的优秀人才投身到研究生教育中来，陕西省的研究生教育会越来越好。

参 考 文 献

[1] 《北京高等教育史研究》课题组. 北京高等学校共产党组织八十年大事
（1919年～2000年）[J]. 北京高等教育，2001（Z2）：25-30.

[2] 徐东. 毛泽东与建国初期我国高等学校院系调整[J]. 毛泽东思想研究，
2006，23（4）：16-20.

[4] 罗祥云. 我国学位的历史沿革与新中国学位制度的创立[J]. 学位与研究生
教育，1991（6）：55-58.

[5] 林刚. 新中国高等农业教育制度变迁研究（1949—1978）[D]. 扬州：扬
州大学，2021.

[6] 李欣. 我国体育发展与法律保护概述[J]. 中国公证，2020（5）：18-22.

[7] 《中国教育年鉴》编辑部. 中国教育年鉴 1949-1984 地方教育[M]. 长
沙：湖南教育出版社，1986.

[8] 徐志颖，唐振林，宋婷. 新时代我国高校教职工代表大会制度的实践反
思[J]. 昭通学院学报，2023，45（2）：77-81.

[9] 刘光新. 中国高等教育大事记：1949—1987[M]. 长春：东北师范大学出
版社，1990.

[10] 周川. "211工程"：我国高等教育现代化建设的奠基性工程[J]. 教育研
究，1994，15（1）：34-38.

[11] 西安矿业学院校史编写组. 西安矿业学院校史（史稿）1958—1988[M].
西安：西安矿业学院出版社，1988.

[12] 《西北电讯工程学院校史》编委会. 西北电讯工程学院校史：1947—

1987[M]. 西安：西安电子科技大学出版社，1987.

[13] 现代化发展与邓小平工运理论[J]. 上海社会科学院学术季刊，1999（2）：112–119.

[14] 潘懋元. 新的技术革命与制定高等教育对策的指导思想[J]. 高教战线，1984（11）：2–5.

[15] 任莉莉. 陕西高等教育现代化进程研究[D]. 西安：西北大学，2010.

[16] 王丽琛. 走出控制与自治之争：现代大学制度下政府与大学关系的重新定位[J]. 河北学刊，2013，33（6）：183–186.

[17] 万明莉. 我国高校双语教学的课程定位及对策探究[J]. 教育与职业，2008（23）：97–98.

[18] 张雄，唐胜利，王麒凯，等. 高校拔尖创新人才培养模式构建[J]. 重庆科技学院学报（社会科学版），2017（4）：99–101.

[19] 闻万春. 省属师范大学发展方式转变的动因与路径研究：以辽宁省属师范大学为例[D]. 沈阳：沈阳师范大学，2014.

[20] 张辉蓉，盛雅琦，宋乃庆. 中国高等教育发展70年：回眸与前瞻[J]. 浙江师范大学学报（社会科学版），2019，44（5）：1–11.

[21] 任娜. 共有各级各类学校15296所在校生超过847万人[N]. 西安日报，2022–06–13（1）.

[22] 范一泓. 习近平新时代创新人才观探析[J]. 湘潭大学学报（哲学社会科学版），2022，46（2）：127–131.

[23] 陈媛. 习近平新时代中国特色社会主义思想融入高校思想政治教育的路径探究[J]. 湖南人文科技学院学报，2018，35（4）：1–5.

[24] 周正. 思想政治工作在研究生教育教学全过程协同实现的路径探析[J]. 时代教育，2018（7）：116–118.

[25] 姚昌，张晓波. 高校青年教师师德现状透析[J]. 学校党建与思想教育，2015（23）：87–88.

[26] 王卓，吴鲁阳. 学位授权点合格评估背景下省属高校研究生招生现状分

析及策略研究：以陕西科技大学为例[J]. 教育教学论坛，2018（31）：49-51.

[27] 康涌泉. 研究生优质课程建设路径创新的探索与实践[J]. 现代商贸工业，2022，43（24）：221-222.

[28] 黎盼，武晓朦，董丙剑，等. 高校师德师风建设长效机制研究[J]. 西部素质教育，2022，8（19）：35-38.

[29] 郝瑜. 论陕西高等教育大众化及其实现途径[D]. 武汉：华中科技大学，2004.